LEADERSHIP CAN BE TAUGHT

好领导可以教出来
——来自哈佛商学院的新探索

〔美〕莎伦·达洛兹·帕克斯 著

祝吉芳 诸文娟 仇 贞 译

商务印书馆
2009年·北京

Sharon Daloz Parks

LEADERSHIP CAN BE TAUGHT

A Bold Approach for a Complex World

Original work copyright © 2005 Havard Business School Publishing Corporation.

Published by arrangement with Harvard Business School Press.

图书在版编目(CIP)数据

好领导可以教出来——来自哈佛商学院的新探索/〔美〕帕克斯著;祝吉芳等译.—北京:商务印书馆,2009
ISBN 978-7-100-05816-2

Ⅰ.好… Ⅱ.①帕…②祝… Ⅲ.领导学—案例—教学法 Ⅳ.C933

中国版本图书馆 CIP 数据核字(2008)第 040522 号

所有权利保留。
未经许可,不得以任何方式使用。

好领导可以教出来
——来自哈佛商学院的新探索
〔美〕莎伦·达洛兹·帕克斯 著
祝吉芳 诸文娟 仇 贞 译

商 务 印 书 馆 出 版
(北京王府井大街36号 邮政编码 100710)
商 务 印 书 馆 发 行
北京瑞古冠中印刷厂印刷
ISBN 978-7-100-05816-2

2009年9月第1版 开本 700×1000 1/16
2009年9月北京第1次印刷 印张 15¾
定价:35.00元

商务印书馆—哈佛商学院出版公司经管图书翻译出版咨询委员会

（以姓氏笔画为序）

方晓光　盖洛普（中国）咨询有限公司副董事长
王建铆　中欧国际工商学院案例研究中心主任
卢昌崇　东北财经大学工商管理学院院长
刘持金　泛太平洋管理研究中心董事长
李维安　南开大学国际商学院院长
陈国青　清华大学经管学院常务副院长
陈欣章　哈佛商学院出版公司国际部总经理
陈　儒　中国国际基金管理公司执行总裁
忻　榕　哈佛《商业评论》首任主编、总策划
赵曙明　南京大学商学院院长
涂　平　北京大学光华管理学院副院长
徐二明　中国人民大学商学院院长
徐子健　对外经济贸易大学副校长
David Goehring　哈佛商学院出版社社长

致中国读者

哈佛商学院经管图书简体中文版的出版使我十分高兴。2003年冬天,中国出版界朋友的到访,给我留下十分深刻的印象。当时,我们谈了许多,我向他们全面介绍了哈佛商学院和哈佛商学院出版公司,也安排他们去了我们的课堂。从与他们的交谈中,我了解到中国出版集团旗下的商务印书馆,是一个历史悠久、使命感很强的出版机构。后来,我从我的母亲那里了解到更多的情况。她告诉我,商务印书馆很有名,她在中学、大学里念过的书,大多都是由商务印书馆出版的。联想到与中国出版界朋友们的交流,我对商务印书馆产生了由衷的敬意,并为后来我们达成合作协议、成为战略合作伙伴而深感自豪。

哈佛商学院是一所具有高度使命感的商学院,以培养杰出商界领袖为宗旨。作为哈佛商学院的四大部门之一,哈佛商学院出版公司延续着哈佛商学院的使命,致力于改善管理实践。迄今,我们已出版了大量具有突破性管理理念的图书,我们的许多作者都是世界著名的职业经理人和学者,这些图书在美国乃至全球都已产生了重大影响。我相信这些优秀的管理图书,通过商务印书馆的翻译出版,也会服务于中国的职业经理人和中国的管理实践。

20多年前,我结束了学生生涯,离开哈佛商学院的校园走向社会。哈佛商学院的出版物给了我很多知识和力量,对我的职业生涯产生过许多重要影响。我希望中国的读者也喜欢这些图书,并将从中获取的知识运用于自己的职业发展和管理实践。过去哈佛商学院的出版物曾给了我许多帮助,今天,作为哈佛商学院出版公司的首席执行官,我有一种更强烈的使命感,即出版更多更好的读物,以服务于包括中国读者在内的职业经理人。

在这么短的时间内,翻译出版这一系列图书,不是一件容易的事情。我对所有参与这项翻译出版工作的商务印书馆的工作人员,以及我们的译者,表示诚挚的谢意。没有他们的努力,这一切都是不可能的。

哈佛商学院出版公司总裁兼首席执行官

万季美

——致认识及不认识的同事

你们的领导行为

开创了无限可能，

引发了群体力量，

赋予普通大众以实实在在的希望。

前言……………………………………………………………	i
致谢……………………………………………………………	v
第一章　应对纷繁世界的领导学	
——对适应性能力的呼唤……………………	1
为了大众利益——瞬息万变世界中的领导学………	2
可以教出领导者吗？…………………………………	3
实践性学习加优秀的教学艺术………………………	4
案例教学法……………………………………………	5
四组概念的差异………………………………………	7
评价……………………………………………………	9
未来的领域……………………………………………	10
第二章　如何开始领导学课程的教学	
——针对学生的不同期待……………………	15
第三章　领导学教学实情	
——引领群体的学习…………………………	37
不同世界的相互碰撞…………………………………	37
梳理各种想法…………………………………………	38
个人魅力与个人权力…………………………………	39
架起一座跨越讲台与学生的桥梁……………………	40
事件的进展——深层次的活动………………………	42
努力学习所面临的严峻考验…………………………	46

一个初显峥嵘的框架……………………………………… 49
　　学会识别各种模式……………………………………… 50
　　损失和悲伤……………………………………………… 54
　　富有成效的干预………………………………………… 56
　　搭建连接臆想与实践的桥梁…………………………… 58
第四章　公开向失败学习
　　　　——小组讨论的力量……………………………… 61
　　另一种行为……………………………………………… 62
　　与失败对话……………………………………………… 63
　　把工作交还给群体……………………………………… 64
　　书面思考——填写问卷………………………………… 65
　　小组讨论的走向………………………………………… 67
　　新视角的盲点…………………………………………… 70
　　发掘小组中的种种角色………………………………… 73
　　从分析到介入…………………………………………… 75
　　逃避工作的行为………………………………………… 75
　　反思——一项规则……………………………………… 77
　　对学习大有好处的方法………………………………… 79
　　公开学习失败的教训…………………………………… 79
第五章　倾听弦外之音
　　　　——临场实践……………………………………… 81

卓越的指导技巧……………………………………………82
倾听言外之意………………………………………………84
歌咏课达到了什么效果？…………………………………88
像欣赏音乐般倾听适应性工作的发展……………………94
允许在不确定环境和沉默中工作…………………………95
做值得信赖的人……………………………………………96

第六章　哪种方法更持久
　　　　——语言、想象、隐喻的力量………………………99
有意识地重新设置默认环境………………………………100
语言的力量…………………………………………………101
权威仅是一项资源…………………………………………108
日趋成熟的领导能力：自信、选择、勇气…………………110
我终于明白真理也要经过商榷……………………………111
通过观察学习………………………………………………114
少一点控制，添几分自信……………………………………118
勇于实践一种永难完全掌握的艺术………………………118

第七章　勇气和代价
　　　　——如何讲授不可教的领导学………………………121

第八章　同一种方法，不同的教师
　　　　——领导学教学方法的可转用性……………………139
攀登珠峰……………………………………………………140

另一种力量……………………………………………… 146
　　为何教领导学？………………………………………… 150
　　本科生没有领导经验也可学习领导学………………… 154
　　他们已尝试了一切……………………………………… 159
　　由踱步及小面积接触开始……………………………… 161

第九章　如何对待差强人意的领导神话？
　　　　——领导学艺术………………………………… 165
　　差强人意的神话………………………………………… 169
　　严密的术语……………………………………………… 170
　　领导学作为一门艺术…………………………………… 171
　　鼓起创造的勇气………………………………………… 177
　　想象是一个动态的过程………………………………… 180
　　解释、证明和测试……………………………………… 186
　　适应性领导学的艺术…………………………………… 187

第十章　可以学会的领导力
　　　　——案例教学法的优点与局限性……………… 191
　　主要优点………………………………………………… 191
　　揭秘教师的权力………………………………………… 192
　　超越传统的案例方法…………………………………… 199
　　参与和创新……………………………………………… 199
　　萦绕心头的问题………………………………………… 204

为了公众利益的领导学 ………………………………………… *209*

注释 …………………………………………………………………… *211*

作者简介 ……………………………………………………………… *227*

前　　言

许多人的思想中都有一种固有的观念,即领导者是上帝特别选定,并被赋予领导才干的人。他们生来光芒四射,注定有受其管辖的芸芸众生紧随其后。

显而易见,此类观念尽管普遍,但不能成立。略加研究领导学,便不难发现,领导者并非天生。纵观历史,哪一位杰出人物的成长没有经历过一种渐进的自我培养和教育过程?而帮助他们完成领导者使命的是时间和磨砺,绝非天纵英才!领导者是(且只能是)学出来的——只要愿意学。

当然,学是一码事,教却是另一码事,教人做领导者更得另当别论。罗纳德·海费茨(Ronald Heifetz)是哈佛大学肯尼迪学院教授,曾出色地讲授过有关教人如何成长为领导者方面的课程。正是基于他在学生中广泛教授的领导学课程,莎伦·达洛兹·帕克斯(Sharon Daloz Parks)才得以完成本书的研究与写作。

乔治斯·布拉克(Georges Braque)曾说:"所谓艺术,即只可意会不可言传之奥妙者也。"或许,领导学的艺术正是我们需要捕捉的奥妙,一旦掌握这一奥妙,一切将发生巨大变化。海费茨教授的课堂教学内容及本书力图廓清的就是这样一幅前景:将来某一天,如能破解领导学艺术

前言

之精妙,受益的不仅仅是学者、教育工作者,还将有广大领导者、经理层……本书属指南性读本,以学习为基础,以培养领导者为目标,类似于海费茨教授的教学环境。

海费茨教授的教学环境不墨守成规,能促人奋发,益于发挥人的想象力和即兴表现能力。当读到帕克斯有关海费茨教授在课堂上打破传统教学陈观束缚的描述时,我预言某种不平凡的事件即将发生,并对此深信不疑。

相信海费茨教授给我们的宝贵财富能驱散围绕领导者的宿命论观念,以及与此类观念相关的领袖神话。不错,查尔顿·赫斯顿(Charlton Heston)立于山顶的形象令人尊崇:他的形象如此高大,相形之下,一切显得那么渺小!

然而,有关领导者天生具备领袖气质的论断,是一大谬误。我就极少使用"领袖气质"这一表述。或许读者仍记得彼得·塞勒斯(Peter Sellers)电影公司 1979 年拍摄的电影《在那里》(*Be There*)。该片讲述的是一个头脑简单的园丁如何被人误认为具有领导天才的喜剧故事,透过该园丁的讽刺性评述,揭露了我们所处社会的现状,同时告诉人们领袖气质并非某个人内在能力的体现,而是通过该人的思想和行动在他所处集体中能否产生共鸣所体现出来的。

社会历史学家马克斯·韦伯(Max Weber)曾夸张指出:领导者的领袖气质是与生俱来的"优雅天赋"。不幸的是,他的这一说法被人以讹传讹。其实,韦伯并非指领袖气质仅是一种单向的、可传递一切能量的能力,而是认为领袖气质是领导者的副产品,具有使领导者和群众双向互动的功能。

这与帕克斯在海费茨教学法中观察到的领导者概念相类似。帕克斯注意到,最确定的、最具影响性的领导形象并非高高在上、居高临下,而是在动态网络或活跃领域中能引起他人共鸣和响应、具备处理紧急事

前言

务能力的中心人物,是可实践的艺术形象。对此,本书第五章有精彩介绍。

电视荧屏上素有"罗杰斯老师"之称的弗雷德·罗杰斯(Fred Rogers)先生,帮助、教育过的美国孩子比当今所有在校教师教育过的都要多,当年最爱引用"人的态度是被拎出来的,而非教出来的"这一古老的教友派谚语。某些概念,如领导者的教育、情商、性格或其他激发人类潜能的技巧的培养等,总体上存在一些细微差异。基于此,海费茨教授在课堂大力使用案例教学法,旨在唤起学生对教学内容的积极响应、相互交流及即兴表现的激情。试想,如果将此方法应用于社会机构中,将会出现何等情形!

海费茨和帕克斯提出了领导学应走与群体相结合的道路的思想,指出这一结合能使领导者和群体双方都能充分展示自我,相互影响。从此意义上看,对领导者的教育是(且一定是)一项耗费毕生精力的工程。研究领导学的学者们不是简单地把一些上帝宠儿的名字抄录下来,而是着重研究普通人,研究如何开发普通人的潜能,使其具备新的能力。

在有关领导风格的讨论中,我时常注意到英国19世纪两位首相间的不同,其中一位为首相威廉·格拉德斯通(William Gladstone)。若能与格拉德斯通共进晚餐,你之后准会由衷赞叹他是你遇到过的最聪明、最机智、最有魅力的人;而当你同另一届首相本杰明·迪斯雷利(Benjamin Disraeli)共进晚餐后,则会不由自主地以为自己是世上最聪明、最机智、最有魅力的人。威廉·格拉德斯通光彩照人,而本杰明·迪斯雷利却善于营造一个让他人发挥作用的环境。相较之下,后者更具领导能力,因为他更善于发现他人所长,并加以充分利用。阅读本书,跟随罗纳德·海费茨教授和莎伦·达洛兹·帕克斯到领导学领域畅游,作为教师、领导者或行政机构工作人员的你,一定

iii

前言

会受益匪浅。

南加利福尼亚大学领导学学院院长
沃伦·本尼斯（Warren Bennis）

致　　谢

任何一本书的诞生都不可能是个人努力的结果,本书就是许多人心血的共同结晶。首先,我要感谢莉莉基金会(Lilly)的克雷格·戴克斯特拉(Craig Dykstra)和苏珊·怀斯利(Susan Wisely)对我始终不懈的鼓励、支持;感谢本课题主管领导、肯尼迪学院的彼得·齐默尔曼(Peter Zimmerman)为本书提出的战略性意见;感谢达齐·伦纳德(Dutch Leonard)、马克·穆尔(Mark Moore)、简·舒伯特(Jan Schubert)、伊迪思·斯托克(Edith Stokey),及休·威廉森(Sue Williamson)为本课题的开展增添了色彩,加深了我对课题背景的理解;感谢哈佛大学评估研讨会主任理查德·J. 莱特(Richard J. Light)自始至终与我共研本项课题;感谢公共领导学中心在书稿完成最后阶段提供的实际帮助。

尤其感谢特雷莎·门罗(Theresa Monroe)。作为本研究初期罗纳德·海费茨模式主要教学人员之一,特雷莎最先跟我谈及开展本项研究的可行性。同时,非常感谢本项研究两年课程中的首席助教珍妮·盖尔伯特(Jenney Gelber)及其他从事本项研究工作的助教,他们是:安·哈比森(Ann Harbeson)、贝齐· 哈兹加瓦(Betsy Hasegawa)、汤姆·兰迪(Tom Landy)、彼得·马丁欧赫(Peter Martynowych)、菲莉丝·斯坦纳(Phyllis Steiner)、克劳迪娅·汤普森(Claudia Thompson)。感谢斯科

致谢

特·韦伯斯特(Scott Webster)、卡罗尔·鲍里斯(Carol Boris)、希拉·布莱克(Sheila Blake)、尤金妮娅·莫里科尼(Eugenie Moriconi)及凯·米尔洪(Kay Millhon)在行政方面给予的支持。

缺少本书提到的那60多名学生的积极参与,就不会有本书的存在。但是,应他们的请求,不便在此公开他们的姓名,但他们每个人的功劳都不可抹杀。对他们为本研究提供专业背景所表现出的热情,我尤为感谢。另外,在我们验证研究结果时,这些学生的同事也积极接受采访,在此,一并表示感谢。

同样,凡在精神、思想、实际工作中给予我支持的人,我都深表谢意。本研究具有评述价值,须保持研究的整体性,所以最后由我一人统稿。正因为如此,我特别感激与我共同工作的同事们,如卡伦·索基尔森(Karen Thorkilsen)。卡伦以其高效干练的工作作风处理了本课题的采访数据,并以其对本书所描述的学习形式的独有心得,帮助我最终确定如何更好地向读者解释研究结果。值得一提的是,卡伦在编辑过程中表现出了不凡的文字功底,在数据处理中坚持实事求是的原则,在精益求精的同时注意到信息评估中应有的灵活性。另外,我和卡伦都对凯特·马荣(Kate Marrone)在处理采访手稿中提出的意见表示由衷感谢。

本书成稿过程中得到了众多同行的无私帮助,其中包括史蒂夫·博伊德(Steve Boyd)、马蒂·林斯基(Marty Linsky)及赖利·辛德(Riley Sinder),他们在各自不同的专项领域作出了独特贡献。还有帕特里夏·伊文斯(Patricia Evans)、汤姆·尤厄尔(Tom Ewell)、杰里·米尔洪(Jerry Millhon)、谢里·尼科尔森(Sherry Nicholson)、托尼·罗宾森(Tony Robinson)、埃米莉·桑德斯(Emily Sanders)、吉姆·谢弗(Jim Shaffer)及罗杰·泰勒(Roger Taylor),他们在读完书稿后提出了中肯意见,使本书更趋完善。另有无数匿名读者给本书提出了批评意见,在此同时表示感谢。

致谢

需要说明的是,第八章得到了迪安·威廉姆斯(Dean Williams)、温·奥图尔(Win O'Toole)、休·奥多黑蒂(Hugh O'Doherty)、阿尔玛·布朗特(Alma Blount)及阿尔·普雷布尔(Al Preble)的大力支持,没有他们投入的大量时间和精力,就不可能有今天的第八章。对他们,我表示无比的尊敬和谢意!

至于继续学习中领导者应该学什么、如何教授领导学这门课程等问题的解答,我十分感谢两个研究小组:一个是与我共同从事研究工作的威德比(Widbey)学院"共同目标的领导:人类领导学起源"课题组,这里特别要提及课题组的拉里·达洛兹(Larry Daloz)、克雷格·弗莱克(Craig Fleck)、戴安娜·盖尔(Diana Gale)、罗杰·泰勒(Roger Taylor)、卡罗尔·山田(Carol Yamada)及学院其他参与"领导学价值"课题研究的专家们;另一个小组是我在西雅图大学的同事及以玛丽莲·吉斯特(Marilyn Gist)为首的"行政领导学"课题组和以玛丽安娜·拉巴(Marianne LaBarr)为首的"优秀牧师"课题组成员。

哈佛商学院出版社资深编辑杰夫·基欧(Jeff Kehoe)从专业角度向我们提供了所需的挑战和支持;马西·贝恩斯-亨利(Marcy Barnes-Henrie)、朱丽亚·埃利(Julia Ely)及其同事在出版和销售本书方面,体现出高超的专业素质;苏珊·阿比迪安(Sousan Abidian)为本书确定了最终标题,在此表示感谢。

金·韩森(Kim Hanson)、格雷·科哈-林格伦(Gray Kochhar-Lindgren)、丹·莱希(Dan Lahey)、山姆·马吉尔(Sam Magill)、卡罗琳·诺思(Carolyn North)、埃洛伊丝·米尔斯·帕克斯(Eloys Mills Parks)、斯蒂芬·瑞安(Stephane Ryan)、韦斯·维奇(Wes Veatch)、乔伊斯·维齐(Joyce Veatch)、凯茜·惠特迈尔(Cathy Whitmire)以及谢里尔·惠特利(Sheryl Whitley)不仅给予我各种专业帮助,还在许多事情上亲力亲为,我深表感谢!

致谢

常言道：婚姻是一场长久的对话。非常感谢我丈夫拉里·达洛兹·帕克斯（Larry Daloz Parks），正是他鼓励我把这项研究当做我们婚姻的对话内容，无论对话是亲密的私下交谈，还是严肃的专业讨论。此外，他不仅一直担当我的编辑和技术顾问，还在研究进入关键阶段时对我忙于研究无心顾家的行为给予了极大的宽容和充分的谅解。

最后，特别感谢罗纳德·海费茨教授对本研究的无私帮助。要知道允许一个普通的评估员观摩教学的每一步骤，还要任其秘密进行调研，且持续时间长达五年以上，这对任何教授来说都不易做到。然而为保证我顺利完成课题研究，海费茨教授尊重了我的每一项请求。在此，我向他深表敬意。

莎伦·达洛兹·帕克斯

于华盛顿惠德比岛

第一章　应对纷繁世界的领导学
——对适应性能力的呼唤

12月的一个寒冷下午,天下着雨,领导学课的最后一次课刚刚结束,邻座的学生还在专心填写课程评估表。这是一个聪明伶俐、善于思考的小伙子,14周前的第一节课上我就注意到了他,当时我以为他不会选修这门课,因为这门课没按常规教授方法开始,而且他看起来像准备选修其他课程似的,然而这门课结束时,他仍在这里。

等他填完评估表,我告诉他开课第一天我就注意到了他,且发现他对这门课持怀疑态度,所以现在很想知道课程结束之际他对这门课的感受。他的回答不假思索:很有价值。我又问:"能谈谈选择留下来听这门课的原因吗?"他顿了好一会儿,说:"一言难尽——领导学是一个囊括很多'渴望'的词。"

他的回答至今令我难忘,那没道明的理由让我感觉尤为真实。我们生活在一个强烈渴望领导学的时代,因为随着世界的日益复杂化,道德观念开始模糊不清,所以有关领导学培训项目和计划大量涌现,一种新兴岗位——专门讲授领导学的教师应运而生。然而,我们痛苦地意识到,流行的领导者神话及实践领导能力的诸多设想,既不能解决主要问题,也不能满足戏剧性变化裹挟而来的高期望。这种趋势已影响到每一

第一章

个社会团体、机构、公司、公众服务机构、组织、社区、居民区、专门工作小组,以及项目团队。

人们越来越意识到,日趋严重的领导学危机至少源于五种极度渴望,其中两种自古就有,三种源于当下的特殊环境:(1)人人渴望实现某种个人价值——产生影响,作出贡献,能够举足轻重,能够影响、帮助、造就他人,即领导他人;(2)自有人类历史以来,每个社会团体内部都存在对权威的渴望,这种权威尤其在紧张和恐惧时期能起引导方向、稳定人心的作用,而今非同往日的是——人们渴望领导学;(3)领导学能够处理极其复杂的系统问题,这些问题源于使世界更复杂、联系更紧密、依赖更强烈的控制论、经济、政治及生态现实;(4)领导学能灵活地适应变化的深度、范围、步调,抓住多变性、复杂性,共同创造出的前所未有的历史条件;(5)新时代带来新的历史道德期。[1]面临巨变时需要作出关键抉择,要多视角考虑,让传统价值观接受挑战,此时的人们更加渴望领导学能代表大众利益的道德力量和道德勇气。

为了大众利益——瞬息万变世界中的领导学

大众利益,究其实质,即为"共同体"。随着"共同体"的变化,欲把命令加控制型领导模式、特色型领导模式及其他流行的领导模式与大众利益相结合,难度显然在日益增大。因为我们所处的这个新"共同体"在范围上已经全球化,但在影响上却毫不留情地被本土化了。在经济单一化时代,村庄碧绿,市场规范,街道、码头、广场、乡镇、都市乃至整个国家都管理有方,大家在一种框架内井然有序地生活着。今天,新的共同体要求大众参与相互依存度更高、更具活力的生活巨网——一种越来越难管理的框架。[2]随着这种新兴共同体的日益复杂化、多元化,恪尽职守的管理者发现,往昔的成功经验并不一定具有借鉴意义,良好的愿望往往会

应对纷繁世界的领导学

有新的障碍,即使极富天赋的人也常发现自己会受到出其不意的攻击,付出也屡收不回,因为新领域可使人的"眼光"狭隘,而现实对能力的要求不止停留在解决技术问题方面。

所以,当今世界要求领导者提高全局洞察能力,确切而言,就是要洞察构成新共同体的若干体制之间复杂而欠稳定的相互依存关系。这种能力对实现民主社会最美好的愿望至关重要,因为民主是对内管理,缺少领导学便很难实现民主。[3] 在民主体制中,权力往往是环形而非线形的,它呈网络状而非等级式。凡能有效实施领导者之职的人要高度发挥想象力,发挥实用主义精神和信任感,以免使自己的能力沦为天真幼稚的牺牲品。[4] 所以,领导者面临不确定因素及威胁时须保持冷静的头脑,同时对环境变化提出的新要求保持创新性开放态度,将与众不同的人才聚合一处进行实用有效的创造。不管是处理公司日常事务还是处理边缘社区的起居生活,要为民主原则服务,实行有效领导,绝非易事。

面临诸多变化挑战,渴望天造英才横空出世的普通大众有着一种根深蒂固的矛盾心理:难道就这样坐等领导者的出现吗?每个时代都盼望德高望重之人握掌权力之鞭,有所建树。正是基于此,传统观念中的领导者侧重个性特征、形势分析能力、应对权力的能力及影响力。而今,理论家和实践家的看法正日趋一致,认为在权力和信息广泛分布的网络型社会,单凭"天造英才"的臆想以及命令加控制型领导模式远远不够,因而常常听到重新构建领导艺术和神话的呼吁,研究者们也仍一如既往地关注超脱生活的英雄式领导者,并将其奉为典范。[5] 为什么?因为不论内容,抑或方法,尚无其他选择可供我们观摩参考。

可以教出领导者吗?

如果说领导者并非"天造英才",那么可不可以教出领导者呢?人们

第一章

普遍承认职业教育实践难度较大,而教人如何做领导者的教育实践更是难上加难。传统上,人们将教与学看成知识的一种传递:教即讲解。习惯上,人们认为知识通过正式或非正式过程进行传播,比如阅读、讲座、某领域专家的演说、某些讨论(主要是学生问教师答)、笔记、学期论文及考试。在每一个部门和行业里,传授知识是一回事,教人如何进行判断如何施展技能并将知识运用到复杂的人际体系中,则另当别论,因为构成生机勃勃实践世界的正是这些复杂的人际关系。另外,教人在某职业领域或者其职业服务社区内实施领导者之职是一项挑战,例如教医生在医院,或在地区性、全国性、世界性医疗保健机构里如何做个好领导者,以及如何在照顾病人的同时又能做个好领导者,就是一项挑战。

实践性学习加优秀的教学艺术

在其经典之作《教育思考型从业者》(Educating the Reflective Practitioner)一书中,唐纳德·舍恩(Donald Schon)不无自信地认为,仅告诉人们在纷杂实践中该掌握什么是不够的,要让他们学会亲身观察,教师要做的只是教他们"如何进行召唤",如何用"恰当的表达方式"帮助他们从自身角度以自己的方式观察最需观察的对象。他说:"我们应该学习如何通过做来获取经验,努力掌握有效的领导学教学艺术。学习当以下面的假设为基础:假设学习过程充满智慧且晓畅易懂。此外,还应尽量多找些实例。"[6]

基于以上假设,本书认为领导者可以教出来。这一观点是通过深入研究一项实践活动,以及认真钻研传授领导技能的具体方法得出的,同时该方法与舍恩提倡的"实践性学习加优秀的教学艺术"相呼应。这一优秀的教学艺术由罗纳德·海费茨在其著作中提出。海费茨著有《没有简单答案的领导学》(Leadership Without Easy Answers),还与马蒂·林斯基（Marty Linsky）合著《钢丝绳上的领导学——领袖求生守则》(Leadership on the Line: Staying Alive Through the Dangers of Leading)。[7]20多年来，海费茨与其哈佛大学的同事们针对如何学习与传授领导学开创了一个新颖大胆的教学方法。当下，大众渴望对领导的含义与要求以及如何学习做领导者等问题进行新的诠释，该方法的提出与实践恰好回应了大众的渴望。另外，也有一些理论家和实践者已开始重新理解领导学，以更充分地尊重相互依存性，以及理论与实践的重大转换需求。然而，很少有人能解决随之而生的问题：可以通过学习理解如何做领导者吗？如果可以，那么可以教人做领导者吗？如果可以，以什么方式或途径教？教人是不是一种领导行为？如果做领导者暗含风险，那么教人做领导者又有何风险？围绕领导学的新观点能否挣脱认知上的束缚并从真正意义上改变领导行为？在不利环境中（即习惯性反应方式下），尤其在危机和压力下能否改变领导行为？

海费茨与其同事对这些问题的回答巧妙地融合出一套观点，以帮助人们理解适应当今世界领导实践的框架，同时还运用与这些观点相一致的教学法进行教学，这一教学方法就是案例教学法。

案例教学法

案例教学法，如海费茨及其同事所言，沿用了多年的教学传统和方法，即研讨、模拟实景（以讲座、阅读、看电影的方式）、阐述观点和视角、讨论与对话、临床诊断实践、训练、实验室实验活动、艺术工作室研究、以写作为主的思维表达方式、案例研究法。

著名的案例研究法由哈佛大学法学院和商学院首创，在实践中殊为有效（有助于实践型学者分析数据，进行归纳性总结工作。该项工作所用概念可广泛应用于各种场合）。案例研究法也是有力的教学工具（要

第一章

求学生在想象未曾有过的经历时为其提供多种场景、概念和想象)。[8]

教育者,至少自约翰·杜威(John Dewey)以来的教育者,曾颇具说服力地证实,人类尤其是成年人从自身经历中最能学到东西。传统案例研究法利用了实践经验,但多少会偏离学生的亲身经验。在寻求深层次教学方法(即教人们如何在不利环境下摆脱危机)的过程中,案例教学法旨在充分利用学生的个人经历。

案例法的授课过程重在让学生在社会群体里学习并实践如何做领导者,将整个班级视为一个社会体系,由众多派系组成,由多种力量操纵,同时还有一个明确而富挑战性的目标,即进一步了解和实践如何做领导者。

课堂上,教师提供观点、框架,不采取讲座形式,也不以与学生学习无关的书面案例开始,而是等待讲课过程中案例自行出现。每个群体有各自的问题,这些问题部分由教师及当天发生的事件的环境和内容决定。

问题在于:如何将群体中明显的问题及潜在的问题与课程内容联系起来,并加以利用?因此,教师必须反思课堂上发生的一切,并考虑:"是否可以利用此时此地发生的事件来例证今天学生需要学习的内容?"换言之,教师将前10分钟发生的一切想象成一个案例,然后用这个案例来阐明他努力展现的主题、概念或技能。这种教学方式,可使学生的经历与所学观点正面相撞,生动又形象。

而学生,则需仔细观察课堂上的一切,包括教师的一举一动,甚至需要洞察前后矛盾、反应迟钝等现象……教师鼓励学生"置身舞池"(即参与),也鼓励他们"步入阳台",揣摩幕后更大的舞台模式,弄清以何种方式参与才能使整体取得进步。自始至终,教师都在给学生提供概念、类比、框架,帮助他们诠释并罗列出正在学习和实践的内容。

在案例教学法中,教师仍是课堂权威,引导课堂行进方向,并保持总

应对纷繁世界的领导学

体平衡。同时教师也在实践如何做领导者,如何有技巧地允许足够的失衡(迷茫、挫败、失望、冲突及压力),帮助群体从对领导实践不假思索的臆断,转向以新的方式对领导学实践进行审视、理解和实施,这种方式与领导艺术和实践提出的要求相一致。在这种课堂教学过程中,教师要清楚学生当中各派系及各派系所持的不同观点,然后千方百计地尊重并集中各派的注意力。

四组概念的差异

案例教学法为本课程正在讲授的领导学实践提供了一个模式。该方法基于一个了解并实践领导学的框架,而该框架又有赖于以下四组关键概念的差异:权威与领导者、技术问题与适应性挑战、权力与进步、个性与存在。

权威与领导者

海费茨及其同事对权威和领导者这两个概念进行了区分。多数人认为领导者是处于正式权威位置的人,如老板、总经理、总裁、主席、船长、监督人、董事,总之都是些头儿或者专家,所有组织机构都依靠这类角色及其发挥的作用来维持群体内部的平衡。然而,权威的作用实际上应包括引导方向、建立规范、解决冲突,而必要时提供保护。这里提到的领导学教学方法认为,权威的作用虽然至关重要,但实践中远远不够。

依据这种观点,领导者的作用就是鼓动群体、组织、社团解决自身棘手问题,其中有些问题要求领导者能有效地帮助人们从熟悉且欠充分的均衡转向充分的均衡,今天,错综复杂的形势要求领导者协助他人从熟悉的模式边缘跨向更复杂的充满新知、新举止的未知领域,这样做一般会引发损失、悲痛、冲突、危险、压力和创造力。通常,根深蒂固的价值观

第一章

本身存在问题,又易于遭到质疑。照此看法,权威只是一种资源,有时甚至是限制,因此领导者必须经常在权威之外行事。

技术问题与适应性挑战

在第一组区别的基础上引申出该研究法的第二组区别:技术问题与适应性挑战。技术问题(即使可能相当复杂)凭手头已有知识和程序便可解决,但应付适应性挑战则要求具备新学知、进行革新并掌握新的行为模式。照此而言,领导学是一项鼓励人们迎接适应性挑战的活动,这些挑战仅靠专业知识和常规管理无法应对。适应性挑战常常犹如沼泽问题一样纠缠不清、错综复杂,由无法进行技术分析的多个体系构成,因此与高调、刻板的问题形成对比,后者稍易解决,但前者中组织或社会的风险稍小。[9]若要迎接适应性挑战,不仅需要改变常规或个人喜好,还需调整心态和思想,转变长期以来的习惯及根深蒂固的臆断和价值观念。[10]

如今,在每个领域都可能出现任何规模的适应性挑战,这些挑战既包括显而易见的全球性大事,比如无药可医的流行病、气候变化、恐怖主义、日益扩大的社会经济鸿沟等等问题,对此人类越来越束手无策。同样,挑战也可能是地区性、技术性的,如仍需要一项新模式在非营利机构、工程分工或建立已久的生产线内部进行操纵。[11]

权力与进步

有人将领导学理解为一项活动,一项在迎接适应性挑战问题上取得进步的活动。这种看法对权力与影响之间的转换考虑不够,仅侧重关注沼泽似的未知问题的处理是否有进展。因此,该方法能否在处理关键的适应性挑战问题上有所进步,成为判断领导是否得力的基本标准。注意转换!如果一方面要区别"权威与技术问题",另一方面又要区别"领导学与适应性挑战",那么如何做领导者才能不过度涉及个人权力,不涉及谁拥有权力,如何操纵权力呢?如何在棘手问题上取得进展?第三项区别将目的问题作为领导学实践的方向,并为判断领导是否有力重新设立标准。

个性与存在

第四项区别与第三项区别紧密相关。一旦焦点从权威和技术问题移向领导学和应对适应性挑战时,个人的领袖气质和个性特点就不那么重要了。依此观点,如何做领导者较少取决于英雄式个人魅力和社会影响力,而更多地依赖个人灵活参与复杂体系的能力(一人可身兼多职)。因此,展现多方面能力成为有效领导的关键因素:要能够全面展现个人能力素质,了解动态,做事有条不紊,决定何时及如何在群体内外(从自身所处位置)帮助群体在未知难题上取得进步。

依据上述四组关键概念的区别,海费茨及其同事完成了一个框架,以帮助人们对系统内部进行分析和参与,从而进一步应付棘手的适应性挑战。

评　价

1989年,媒体发表了一份对该方法的评估调查,发现回应的165名学生中有一半以上认为这种领导学教学法"最有用",比哈佛其他课程"有用得多",比以前受过的领导学培训或管理培训"有用",或"有用得多"。[12]

海费茨及其同事的活动旨在寻求有效方法和途径,进行有深度、有智慧、有潜力的领导学教育,为更多后来者造福。因此他们的活动将莉莉基金会吸引进来。莉莉基金会邀请我用定性法对该方法做进一步研究、描述、评价。因之前的调查,我对此课题有所了解,知道学生一直对

第一章

该课程评价极高,而我自己也对这门课程进行过初步考察,加上自己曾有三所专业学校的执教经历,并研究过领导学及伦理的形成,便接受了邀请。通过进一步研究,我们发现该方法开辟了一片新天地,统一了许多现有理论和实践活动,同时探究出有效的学习和实践领导学的方法,能更好地适应错综复杂、千变万化的新体验,而这种体验正是经理、执行官、项目经理等领导者每天面临的一大挑战。

经过多年研究与评估,我断定该方法既回应了当今人们对领导学的渴望,又成为行之有效的教学方法。[13]作为重新考虑领导学及如何掌握领导学的一项持久性实验,该方法可以激发领导者的实践想象力,尤其适用于有勇气教授领导学的人们,他们是活动在专科学校、领导学管理培训项目、本科生领导学项目、倡导社区发展项目、问题关键部门等领域的指导人员、教练、管理人及导师。

未来的领域

本书旨在对案例教学法进行描述、诠释、评价,将其作为生动有效的案例以期说明:符合大众利益的领导学,即为当今共同体造福的领导学,如何通过普遍适用的方式将其讲授出来。

该方法以观察、访谈、分析为基础,按以下线条展开:教什么(内容、理论)、如何教(方法)、学生的经历、成功运用该方法的教师和教练的经历。在第二章,我们将径直走进教室,让读者身临其境,感受哈佛上课的真正动态。和学生的反应一样,读者在亲身经历之后,既会被深深吸引,又会略感不安,还会追问:"到底怎么回事?"而第三章至第五章将通过分析理论和课程设计的重要特色来回答这一问题。

第三章将解释如何运用案例法培养领导技能,包括识别群体内部争议和派系的能力,以及代表长远目标有策略地参与活动的能力。同时,

应对纷繁世界的领导学

该章还将探讨实践领导学时认知和情感转换的深层意义。

第四章将展示如何以专业对话形式讨论学生曾经历的领导失败事件,贯穿其中的理论渗透至个人盲点,并为再次碰到类似情况提供更多、更富创意的点子。

在第五章中,我们将对个性决定一切、个人领袖气质是否与生俱来的传统观点提出挑战,阐述该方法如何提供途径形成"气质"这一宝贵特质,这些途径包括参与能力、有条不紊的能力、鼓动群体的能力、在语言和非语言领域游刃有余的能力。

该书前半部分展示案例法的实质和结构,后半部分着手解决问题,包括在如何使用该方法面临的两项挑战:第一,如何轻而易举地将该方法用至工作场所?一些课程或培训课程启动当时似乎有效,但一旦投入实践便很快不再奏效。那么,这种方法凭什么能达到持久之效的呢?第二,其他教师教学实践中如何有效采用该方法?其核心要素能否运用于极其不同的环境,并达到良好效果?简而言之,拓宽这一大有前途的方法需要领导能力,那么培养这种能力的前景何在?

第六章旨在回答上面第一个问题。我们将跟随选修过该课程的学生到他们的工作场所,倾听他们如何讲述自己实践该方法的经历。在这一过程中有项重要发现,即用提炼想象和类比等方法传授的知识显然有持久的效力,甚至利于避免行为举止中可能出现的疏漏。

第七章和第八章从教师的视角阐述该方法的展开及推广。首先,教师创造并实践一种教学方法,这在使他获得新知识的同时还要不断接受人们的调查,他对此有何感受?第七章提供了一次难得的机会,可以聆听罗纳德·海费茨详谈该方法的源起及他按这一模式如何执教的经验。第八章将介绍其他几位成功使用该方法的教师,阐述当该方法被用至截然不同的环境,如其他机构、行政培训、专业咨询、本科生领导力开发等文化环境时,需要如何予以修改并有所发展。

第一章

　　为全面评价该方法的潜在作用,第九章将提供另一视角,重新考虑我们的文化中有关领导者的神话,以期揭示出更深层次的意义。通过对比当今流行的命令加控制式领导模式以及从艺术家创造过程中汲取的另一模式,我们将阐释,在应对当今时代核心适应性挑战问题上该方法如何对所有人都有所裨益,并证明有关领导者的神话已发生转变。许多人第一次接触这种领导学教学法时既被吸引,又觉迷茫,同时满怀希望。我认为,这种混合感觉正是源于这项挑战。当今,时代需要转变对领导学艺术的理解,因为我们对领导者的看法本质上来源于要接触社会以及要取得进步这一根深蒂固的设想。我们的目的是建立新理解,孕育新想法,甚至在学习据此行事的时候也未曾停止过我们的初衷。

　　第十章将从整体上检验这一方法的优势及局限性,并对其未来发展轨迹进行了展望。

设立场景

　　领导学艺术的教与学在众多正式或非正式场合进行。这里描述的方法主要以一个专业学院——哈佛大学肯尼迪管理学院为背景进行研究,目前的研究工作由该学院公共领导中心完成。肯尼迪学院致力于提高公众生活中领导学的效率,这必然使其与校内其他专业学院形成直接伙伴关系,如商学院、牙科学院、设计学院、神学院、教育学院、法学院、医学院、公共卫生学院。

　　学院选取的学员均表现出一定领导潜力、管理能力、分析天赋、伦理敏感性。有些学员来自美国,有些有更广泛的国际背景;有些学员为政府官员、议员,有些是现役军官;有些学生是现任或继任政府机构、营利或非营利组织的领导者,有些是政策分析人士或新闻记者。这些学员的年龄在23—60岁之间(大部分已就业),并且已报名参加好几项学位培养及其他有针对性的项目。总之,他们代表不同经验、不同视角、不同意识形态、不同希望、不同关注度。由于许多课程集中于政策和分析,因此自然会涉及意义、伦理、领导学等问题。

学院工作范围和活力以广场公开讨论形式得以展现。广场位于学院中心,设计得极富想象力,具多重功能。教室、研讨班、办公区共占三层楼,通向一片类似圆形建筑的区域,里面不断传出嗡嗡的谈话声——从四周教室一涌而出的学生交谈着,聚在一楼喝咖啡的学生交谈着,吃午餐时的学生交谈着,靠近露天阶梯软座区里的学生交谈着,环绕两三层楼周边小自修室里的学生交谈着……一周时间里,这块地方会被多次装饰成正式会堂供国内、国际知名人士探讨一些重大问题,同时电子会议将更广泛的全球共同体的生活带进学院中心。广场讨论既确保非正式会议的召开,又促进了不同地区、不同性别、不同种族、不同文化、不同意识形态及不同伦理观之间的慎重对话。广场边沿靠南一排双层门通向可容纳 90 人的多层教室……过去 25 年里,领导学教学法主要就是在这里形成,并加以实践的。

奢望与必需

有机会在这样的环境学习领导学、实践领导学也许会被视为一种奢望,与渴望实践或接受领导学培训的大多数人的实际状况大相径庭。相较而言,很少有人会有时间或经济实力来学习被许多人看做是天赋或天资的东西。但如果以本书提供的方式仔细阅读,就会发现该方法并非遥不可及,也不必非局限于某个单一的环境,相反,该课堂教学法展示了当今新的共同体里随处可学、随处可用的领导学实践特色,必要时还可转用至其他环境或以其他表达方式表述,在这里仅作为学习领导学艺术的有力形式,同时作为生活艺术的关键特色,也不失为日益相互依存的复杂、危险而苛刻世界的一种必需。

现在,我们进教室去看个究竟吧。

第二章　如何开始领导学课程的教学
——针对学生的不同期待

9月的剑桥天空碧蓝,枫叶火红。随着哈佛广场行人来往步伐的加快,一切显得朝气蓬勃,意气风发。学校正在上课,包括 PAL-101 课,即"实践领导学:动员群体资源"课也如期进行。

指定上课时间快到了,教室里传来嗡嗡的谈话声,6 排马蹄形桌子前坐了 90 位学生。过道里、楼梯上、教室后面的暖气边上还坐着 100 来名学生,他们身旁放着书包、外套或公文包。这些学生都是按时到的,可惜来的时候座位就已经坐满,于是见哪儿能安身便挤到哪儿。这些学生中有些想来看看自己是否决定选修这门课,有些仍在试听,但人人都想知道这门课一共会招多少学生。

两位助教正在放置录音机,检测麦克风。[1]另外一个助教正在分发课程大纲,还有一位在随意而巧妙地应答有关这门课程如何招收学生的问题。大约过了 10 分钟,任课教师罗纳德·海费茨进来,走到教室前面。

海费茨穿戴讲究,整洁的西装配一条领带,式样传统,但看上去却十分舒适。他 40 出头,体型瘦削,身材不高,头发乌黑,整个人看上去既严肃又充满智慧。学生们的窸窣声渐止,像平时上课一样陷入静寂,海费茨一

第二章

直站在那儿,与学生对视,用眼睛与每个学生交流,一言不发。沉默时间太长,学生们开始感到有些不自在。此时,无人像几分钟以前那样可以确切知道自己是谁,在干什么。在这片安静中,预期的习惯被改变了。

终于,教师提出一个问题,从而中断了这一静寂:

"在座的有多少人曾被赋予一种新的角色、责任或权威,随后第一次走进一个会场,发现那儿有许多人正盼着你能吩咐他们去工作?"

见大部分年龄在20多到60岁之间的学生举起了手,教师说:"这么说,这儿有许多人可以体谅我目前的处境。"(教室发出一阵轻轻的笑声以示认同)"所以,"他接着说,"也许大家可以从研究我目前的处境入手开始领导学学习及权威学习。"又是一阵停顿。

接着他说:

"我该作何选择?如何从战略上考虑自己的第一步、第二步、第三步?第一眼——当你走进来,还未成为这群人的权威,他们如待陌生人一样对你,也就是说大多数人在考察你。这个时刻重要么?这种情况下你会怎么做?"

看来学生需要更多的鼓励,他提示:"其他教师怎么做的?"

一系列建议和答案此起彼伏:

"您可以讲个笑话。"

"为什么讲笑话?"

"活跃整个班级的气氛,让大家放松放松。"

"哦,那样做有效吗?"

"也许吧。"

"也许吧,也许有效,但关系融洽与学习并非一码事。这是一门领导学课程,在座的大部分人已在实践领导学,所以大家

16

来到这里。大家在实施领导之责的时候肯定遇到过一些挫折，对于这些挫折给你们每人身上留下的伤痕，我无比敬重。"

当学生们理解了教师想真正表达的内容时，教室里又静了下来，所有人意识到自己不仅仅在上一门课。

"所以，"教师继续道，"我不愿意以讲笑话开始本课程的学习。不过，我还能做些什么呢？"

"您需要赢得尊敬。"

"啊，好主意。可我怎么做呢？"

"什么也不需做，因为您是哈佛教授。"

"但我想大家都知道，说自己在哈佛当教师只能把人唬住10分钟。"

（笑声）

"您可以讲讲我们能从这门课中学到些什么。"

"没错。大家各怀期望而来，是吧？可我已经辜负了某些人的期望，这样做会有什么危险？"

"我们可能觉得有趣，也可能会失望。"

"这么说，怎么做才好呢？"

一位名叫格蕾琴（Gretchen）的女生提议：

"从某种意义上讲，我觉得有必要说出我的担心，因为我知道这门课程有人数限制，但不知有什么样的限制条件，所以想请你讲讲。"

"这么说，你想让我马上就讲这个即将成为重要议题的话题。如果我不马上就这个问题说两句，恐怕大家会失望；也许还会让你们失去对我的信任。比方说，我从不谈你们关心的问题。比方说，我真的很差劲。比方说，你们问了一个相关问题，

第二章

而我却说这个问题我讲稿里没有,不是第一节课要讨论的问题。"

"那就权当自己是个政治家吧!"后排一位学生叫道。

"是的,政治家极为擅长评估眼下公众关注的事情,并作针对性发言,"教师应道。

"他们针对某件事情进行评论,"一位坐在教师正前方第二排的学生说,"但通常不是针对公众真正关注的问题。他们含糊其辞,回避问题,打擦边球,碰上不想作答的问题时干脆不答。"

"依你看,他们为何这样做?"教师问。

"为了自身利益。他们不想让自己难堪,不想陷入困境。"

"那么,他们代表谁的利益——?"

"而且他们也只想谈议程上的话题。"那位学生说,显然觉得自己并没处于困境。

教授身体微微前倾,双手扶桌,以探索的口吻坦白地说:

"专注意味着疏远。你刚才提到'自身利益',政治家的自身利益很复杂,因为他们需要赢得选票。如果政治家来这儿,这儿有这么一大群人——100人上的课来了200人。他们会想办法让每个人都满意。我的意思是,还有什么比让每个人都满意更能让政治家开心的呢?但人各有志,有些人想这样,"他用手示意教室的一侧,"其他人又想那样,对不对?"他边问边用眼神示意教室的另一侧。"你们中间有不同派系,而每个派系都将政治家拉向不同方向。当其中一个派系提出问题,政治家立刻盘算起来:该怎么应付其他派系?我能疏远他么?还是先回避回避吧。所以你说得对,他们总是回避话题。是因为他们生来就是说谎者吗?生来不专注任何事情吗?"

（一阵笑声）

又一位学生开口了：

"要是可以选择的话，政治家会把一个班分成几个组，先跟一个组讲他们想听的，再到另一组讲他们喜欢听的，然后到第三组。用一张嘴说出三种不同的话来。"

"对，好像常常如此，是吧？"海费茨答，"社会中存在各种分歧，而为了共同生活又需作出集体决定，制定集体政策，政治家正是联结二者的纽带。帮助人们正视痛苦的抉择，帮助人们学会新的受人尊敬的方式，有一定难度。和每一派单独说话确实不错，但事实上很难做到，不是吗？看看我现在的处境，就和政治家颇为相似。在座各位年龄不同，可能来自30个不同国度，就算来自美国，也至少接受过美国的10种亚文化的熏陶。我如何理解、满足你们所有人的期望呢？"

"您可以问问我们期望什么，想要什么。"

"您可以告诉我们那样做的风险。"

"您和我们需要的东西截然不同，"一位学生说。另一位学生接过话头："我们想要的也许和您想让我们做的不一致。"

"听听我们的意见，这对您应该很重要。"一位女士说，声音不大，却斩钉截铁。

"的确，你们中间有些人非常看重这一点，但要是我真这样做了，其他人也许会认为我没主见。我还该做些什么？"

"可以帮学生确定是否选修这门课程。"

"我该告诉他们什么？你认为大家想知道什么？"

"大家想知道这门课的大致安排，以及是否可以信任您。"

"这门课的大致安排在课程大纲里，现在你们人手一份，但你们凭什么知道我值得信任？"

第二章

"大家都知道您的书，所以已经开始信任您了。"一个自信的俏皮男声从最左边传来。

"很好，可是你们的很多任课教师都是出过书的教授，学生们却刚上5分钟就决定不选修他们的课。"

下面一阵轻声议论，似乎在印证教师的说法，接着后排一位女生发言，虽有几分胆怯却不乏智慧：

"还是回到您开始提出的问题上来吧。我觉得大家最初想从您这里获得的是某种乐趣。您可以取悦大家来得到一个整体或集体反馈。或许乐趣这个词不太恰当，但无论如何，您需要吸引我们的注意力。"

"不，我倒觉得乐趣这个词用得相当贴切。你在暗示有趣是评价表现的标准。此刻，有趣并不意味着幽默。有时候人们观看神秘故事和角斗表演时也会觉得有趣，但关于什么是有趣的，各种稀奇古怪的解释都有。学习也可以有趣，两者并不矛盾，虽然有时学习比较痛苦。重要的学习（有效的学习、深入的学习）及这里的这种学习都有许多面。"

又一位女生口齿伶俐地大声道：

"我想要您谈谈您本人对这门课程的看法，您认为什么样的人应该选这门课。我的意思是，这门课一上就是一个学期，需要大量的时间投入，需要大量的阅读，需要作出很多努力，所以想知道您认为可从中学到什么。"

"好的，"教授说，"我们的讨论到目前为止有一点已经明朗，就是这儿有各种各样的人，有着不同的价值观、不同的目的。所以，我的目标是开一门课程，在教师们的鼎力相助下，让你们学到想学的。但对这里这位小伙子，或者后面那位爱找乐子的女生,还有这位关心选课情况的女生来说,又是另外一回事了。人不同,学的东西也不同。学期结束时,我希望大家在带动社区或组织应付棘手问题的能力上有巨大收获,而在我看来,领导学就是动员人们在应付棘手问题上取得进步。"

"如果学习领导学就是教人如何解决棘手问题的话,那么在你选择的场景中你打算怎么做?也许做法与不同国家或不同组织中有着不同问题的人的做法大相径庭。此外,她什么时候参与对话与你此刻的参与也不一样。虽然大家同坐一间教室,但就领导学的任务而言,却要学习不同的东西。这项工作之所以复杂是因为要利用每个人身边的问题来满足每个人的不同需求。"

彼得问:

"两个问题并成一题来答吧!您打算满足多少人的不同要求呢?"(笑声)

"选修人数的90%。总有一些人的要求我们满足不了。"

彼得继续问:

"我指的不是正式上这门课程的人中有多少人的需要能得到满足,而是我们这些或坐或站的所有人当中有多少会选这门课?"

"噢,格蕾琴多了个盟友,"教授微笑着说,"那就来谈谈这个大家都关心的问题吧。"(笑声)

教授详细地介绍了招收选拔学生的过程,指出在场的每一位学生不会都选修这门课,所以有可能不存在招收问题。不管怎样,下次上课时情况就明朗了。

看到大家似乎对这个问题有所了解并表示满意后,教授继续道:

第二章

"这么一来,我们一次就谈了两件事。首先,已用例子阐明了课上将采用的教学方法,即用自己做'实例',我的意思是教室里的一切动态,包括你们和我之间及你们之间的一切情况,我们都可用来作为案例。"

"你们需要了解教室里发生的一切,这就是所谓的'在行动中思考',而我则将其比喻成步入阳台观看舞池。你们一天需要步入阳台数次。要做到在行动中思考,十分困难。"

"例如,两个人说同样的话,为什么一个人能吸引他人注意力而另一人则不能?为什么彼得已经在这堂课上担当了一个特定角色?其他人是如何帮助他担当这一角色的,我该如何回应他?我的回应是否有效,他的角色作用是否有效?这个角色是对群体工作有用,还是仅仅出于个人习惯?如果属于个人习惯,如何充分把握自己,在关键时刻适时运用这一习惯?我们可以自问这类问题。"

"我在这次对话中引入的第二件事,"海费茨转移话题,"是处在权威位置的人需要满足什么期望才能保住人们对他的信任,或者赢得人们的信赖?"

没等多久,一位女生建议教师展现自己更私人的一面来获得大家的认可,这样可以避免呈现单层面权威的形象。

"也就是说自我流露得越多,你们就越信任我,例如我表现出自己脆弱的一面时,会让你们认为我更可信?可要是我说自己的书出版了我有多激动,大家的认可和评论让我多自豪,恐怕你们就不喜欢了。如果我说我有多担心那些评论,夜夜辗转难眠,所以拿孩子撒气,恐怕你们就更不喜欢了……"

那位女生插嘴道:

"您不要扯得太远，我们不是想让您……"

"这岂不是很有意思！"海费茨抢着说，"我需谦卑、脆弱但不致惹人怜悯。（一阵笑声）这并不需要跳出一个多大的圆圈，因为惹人怜悯与脆弱中间跨度并不大。你是不是说我需拿捏得十分到位？"

又一位学生说：

"您需要有令我刮目相看的能耐。"

"是的，"教师肯定道，"我需要某些才干、技能、能力，对吧？在你们每个人心里，我猜，都有一套评判能耐的标准，只是没有明言罢了。因为把心里的四项标准写在纸上，然后掂量掂量这些标准的分量，再列出我的哪些举止能反映这四项标准，对你而言有一定难度。这种评判更多的是无意识行为，是一种模糊、本能的反应，是吧？需要花点工夫明确这些标准，然后运用这90分钟获得的那一丁点儿东西（少量信息），对我进行评价。我倒真希望你们有严重的问题亟待解决，否则就看不出我是否在骗人，是否在利用人，是否可信（领导力发展和公司都对个人素质有要求）。"

他继续道：

"所以从某种层面上讲，这门课需要冒风险，领导学也一样冒风险。"

一位学生问：

"在这里我们会有什么风险？"

"这么说吧，如果用你们自己做实例，共同学习的过程就会越来越透明。我们将分析我们如何操作，分析有效点、闪光点

第二章

及马虎点,这样工作才会更有成效。我们不仅采取这种大课形式,还要分小组进行讨论。每个人参加一个小组,每周会面一次。组里每个人都要讲述一个自己领导失败的实例,并请其他人做顾问,这样每个人都会发现自己该怎么样才能把事情做得有特色,或者怎样做才能把事情做得不一样。"

"但是,"他继续道,"在相互帮助、相互学习的过程中,不管大课还是小组讨论,总是时而有效时而无效的,所以一个人会学到60%有用的、40%没用的,还有人感情会受到伤害,因为我们没有运用足够的技巧提供恰当的反馈信息。"

"您能界定一下自己是什么样的领导者吗?"一位女生问。她听上去充满好奇、富有眼力,颇像二十点游戏玩不转的人。"您的领导风格是什么?作为领导者,您觉得自己怎么样?"

"不,我定义不了。"

"为什么回答不了,您正在教——?"

"好吧,就来谈谈这个问题吧!"

又一位学生接过这条新思路:

"人不会永远做领导者。其实,我觉得教师未必是领导者。我认为是特定环境要求某人发挥某些才华和技能,要求有领导学指导。这就是您回答不了那个问题的原因,当着全班学生的面问一位英明的教师这样一个问题,不太好。"

又一位学生插进来:

"的确如此。这可是一堂领导学课程。我想弄明白这位同学对领导学怎么看。"

刚才的那位同学答:

"我是这样看的，这位不是领导者，而是位教师。"

又一位学生参加进来：

"这么说，教师就不是领导者啦？"

刚才一直一言不发的某个学生小心地插言，说出一番颇具权威性的言论：

"我认为他回答不了这个问题，因为他也许可以领导我，但未必可以很好地领导你。我这会儿绝对把他看做一位领导者。问题在于对我或对在座的其他人而言，他是否是位好领导。"

接下来，一系列看法从教室各个部分各个角度传出：

"我也认为他想要我们向自己学习。也许他想要我们自己去得出结论。"

"你的自我评价可能和别人的看法不一致。"

"但问题在于，他是如何评价自己的？"

又一位学生意识到这个问题的重要性，若有所思地说：

"我会认为自己是位公平的领导者，我听取大家的意见，还有诸如此类的一些优点，但其他人可能会说，'这绝对不对'。"说罢，转向教师："所以您可以告诉我们您属于哪种类型的领导者，但最好是表现给我们看。我也认同您关于教师的说法。如何做领导也许是您集中教给全班的部分技能，但只是一个方面。所以，关于您，我想知道的唯一一件事是您如何教。我通过观察您上课我就可以知道答案。"

"可是不妨瞧瞧我们在做些什么，"坐在首排的一位男生说，声音里夹杂着不快和智慧，"我们在代他回答，不经意之间跑了题。"然后，他直盯着教师，要求道："我想听您说。"

第二章

教师礼貌地回应：

"我觉得要是回答那位女生的问题就会中圈套。有人能分析一下吗，为什么那会是个圈套？"

"其实，那边的两位已回答了这个问题，"坐在第四排靠右的一位学生断言，"那位女生认为你是领导者，而另一位认为你不是，所以决定'领导者'的是个人。"

教师若有所思地捡起这个话题：

"这么一来，我们又回到这样一个局面，有人想要我这样，有人想要我那样，还有人要我其他样。在大家知道答案之前，无论我说什么都会立马让在座 2/3 的人失望。另外，如果回答这个问题，我就会在未明确分析任何假定条件的情况下，证实某些人关于领导学的某些猜测，这样你们每个人都会习惯性地自我对话，并且评价、掂量我说过的话，而我则无机会参与你们对领导学标准及领导学定义的讨论，也无法确定你们有关领导学的概念指代什么含义。我的工作不是让大家讨论诸如自己认为'领导者是什么？'我的任务是将一些主观猜测进一步凸显出来，让大家自己确定哪些是对的，需要坚持，哪些需要摒弃。"

他顿了顿，然后以一种显而易见的严肃口吻继续说，他还是那种感觉，认为引起争议的不仅仅是一门课程：

"这是一个大大的圈套。使在座 2/3 的人失望就是一个圈套，我倒不是害怕得罪你们中 2/3 的人。虽说每位教师都想依学生的期望行事，甚至冒无法激励你们去学习的风险。但是，从我个人目的这个角度而言（我的目的是教你们如何更有效地实践领导学），更大的一个圈套是我认为如果答了问题就会弱化我的目的。你们中 1/3 的人会因为彻底的误解而离开教室,而其中原因我们还未来得及展开分析呢。"

他再一次停顿,然后换了个角度继续道:

"但如果你们真正想做的是搞清楚'你们应该信任我吗?'我认为你们的问题就出自这儿。我想提示一下,本世纪著名小提琴大师中最伟大的教师有两个:一个是俄国的李奥坡·奥尔(Leopold Auer),在第一次俄国革命之前他在莫斯科音乐学院执教;另一位是亚美尼亚的伊万·加拉米安(Ivan Galamian),现在在茱莉亚(Julliard)音乐学院执教。两位教师培养出众多大师,可他们自己的小提琴拉得并不好。所以,如果我的任务是帮你们学会如何做有能力的领导者,我本人是否属于理想的领导者也就无关紧要了。"

教室里一片寂静,看来这一内容的复杂性抓住了学生的想象力。一位女生若有所思地说:

"似乎有些人想从您那儿得到答案——"

教师插了句嘴:

"这岂不是很诱人?"

(笑声)

"而还有些人,"她继续道,"情愿听我们说领导学是什么,或者在想你如何帮我们搞清领导学是什么。"

"所以你的意思是,"教师积极地接过话题,"不同的人有不同的学习方式。有人喜欢在杂乱吵闹的讨论中学习,有人喜欢听权威人士有条理地讲解。我相信,这些不同的学习方式会为这门课程注入新的活力。"

一个法国学生举手,教授冲他那个方向点了点头,他犹犹豫豫地道:

第二章

"不知英语里有没有个游戏叫猫抓老鼠？我们好像在玩这个游戏。"

教师立即回应道："有的，我们文化里有这种游戏。现在的情形也确实有点像，不是吗？是的，很难知道权威关系里哪一方扮演什么角色。我是猫还是老鼠？你们又是什么？在权威关系中，大家也许认为我作为教师，就是只猫，但是只有学生给予我权威时我才会有权威，所以也可以说学生是猫，我是老鼠。这样讲有些模棱两可，但希望能让你们悟出点儿什么。"

这番对话似乎让大家莫名的失衡感舒服了一些。一位看上去较为苍老的在职男生坦率但字斟句酌地开口道：

"在我看来，据您给出的领导学定义，此时此刻您是位非常有效率的领导者。因为您说过，做领导者就是动员一个群体作出艰难的决策。现在整个班级都需要决定是否选修这门课。您引导我们自行讨论您的授课模式，而正是这种授课模式将决定我们的去与留。这就是您现在做的，以自己对领导学的定义来实践领导学。但是，我们还需要搞清楚您定义的领导学是否是我们愿意成为的领导类型，还有您教的内容是否就是我们想学的东西。"

教师回答：

"没错。有些人来这里并不是为了学习如何更有效地动员社区或组织里的人处理重要问题。大家也许想学会如何让别人给予自己更多权威，授予自己更多权力。就选这门课而言，这个理由是充分的，但理由本身不充分。因为我觉得了解获得权力的途径，了解如何操纵权力，了解如何行使权威，是我们讨论领导学时需要探究的领域，但并不是领导学的全部内容。这只是像在研究乐器，我们还需要明白的是如何弹奏这些乐器。如果你压根对音乐制作没有兴趣，那么恐怕对服务于社区、服务于组织或服务于社会，帮助解决棘手问题等也会毫无兴趣。反过来说，如果你真正感兴趣的只是摆弄乐器，那么这门课恐怕会让你失望。"

"我的部分工作，"教师承认，"就是知道自己会让某些人的愿望落空，但我要让他们慢慢接受而不致一怒之下把我杀了。举例来说，如果你面临这样一个局面，你觉得众人需要改变对自己的期望。比如，大家希望你行为果断、目的明确，但你觉得当前形势需要试验、尝试、即兴发挥，没必要清楚具体目标。那么，如何让大家明白这一点而又不会认为你不值得拥戴？照他们的话说，'你不是个好领导，做事太不果断，总是拐弯抹角。你此时应该胸有成竹，然而却在这儿临场发挥'。处于这样一个局面时，加上你又不知道目标（因为无人知道），那么你如何向大家开口说'你们的期望是错的。你们希望我目标明确，而我需要你们相信我此时用不着目标明确'？"

一位亚裔女生问，必读书单上所列作者大都是白人男性和西方人，这是否说明班里的少数学生不得不遵循主流人群的规范。

教师回答：

"这学期上课期间，你们会看到我的各种盲点、失败、错误及错失的机遇。希望这些会对你们有利，能让你们意识到自身的盲点、失败、错误及错失的机遇。我的教学大纲并非无可挑剔，我的课程设计也称不上完美无暇，仅仅提供一个环境、一项设计而已，以便让所有人从中学到东西。"

一位女生加入讨论。她看上去好像对教师的回答不甚满意：

第二章

"我对这门课程非常着迷,但对课堂动态颇为担心。想知道典型的课堂动态与今天的相比有多相似,或者说您经常将话题扯得很远吗?"

"有时会,有时好一点。(笑声)如果受你领导的人价值观相冲突,正面临艰巨的挑战,在用各种方式回避对方,这时候你就不得不学会忍受混乱和无措。你需要培养这样的忍耐力,同时学会接受不确定因素。所以,我允许课堂更乱一些,这是有目的的。"

那位探求领导学定义的学生挑战道:

"这么说,这门领导学课程讲的就是群体动态喽?"

教师顿了顿,目光平视着挑战者,不疾不徐地说:

"对一个社会体系或政治体系内部发生的一切进行诊断,是实践领导学的重要组成部分。如果不了解自身所处的体系,就根本无法实践领导学。"

一个小时过去了。一直站在过道靠墙而立的左边一侧的一位学生,此刻直起身子,向前走了一步,说:

"我不清楚大家提出的一些问题。想一想其他类型的领导者,比如你说耶稣是位领导者,拥有各种魅力,你会发现他没有诸如谦逊这样的特点。或是,这样说吧,我的意思是说像拿破仑,他并不谦逊。我们也不会将他描述成脆弱或是——"

这位学生似乎在搜寻恰当字眼,但依然坚持说:

"这么说来,我想我不会用'谦逊'来形容这门课。对我而言,教师、教授为人谦逊并不重要,也许自信更重要。但若是在工作的时候,由于个人交往比较多,谦逊才会显得比较重要。"

"是的，"教师答，"大家会再次发现每个人的要求各异。一边希望我谦逊，一边又希望我自信。"

"您可以兼而有之。"第一排的一位女生说。

"没错，可以兼而有之，"教师道，"但怎样做到兼而有之？不清楚。在我们这个文化中无法做到这点。那么我该怎么做，迅速发明一种新文化？"

刚才的那位女生承认道："这您做不到。"

"因此我得靠自己既有的素养行事。"教授说。

一位年轻姑娘刚开口，教室另一侧的一位学生就叫："听不到。"女生的声音提高了一些：

"我想这也许是我关心的另一件事。与刚才那位女生所说的相关，无论是领导者还是其他什么人，对什么是领导学及谁是领导者都要持一个开放的心态。从一些描写白人男性的文章及事例中我看到一些令自己担心的内容。"

她继续道：

"文章及课上提到的范例大都是媒体或历史书籍广为宣传的人物。我想，在大众文化中肯定有众多领导者鲜为人知。"

"所以你认为，"海费茨说，"应该重点区分领导力与突出力量、统制力或权威之间的不同。领导力很独特，但这并不意味着领导力与其他力量互相排斥，你完全可以在拥有影响力的同时行使领导力，也可以在处于权威位置的同时实践领导力，但也有可能无法实践领导力，因为许多有影响力的人无法行使领导力。上帝一定知道有众多位于权威位置的人不会行使领导力。在大多数文化中，人们轻易地将领导力与这几项等同起来，如果不是这样，那究竟领导力是什么？人们提到组织领导、

第二章

国会领导、国家领导或军队领导时,指的就是那些位于高层权威位置的人。天知道他们是不是在真正行使领导力?我们只知道他们极其擅长洞察公众的期望,洞察如何满足部分公众的共同期望,或至少是一些重要派系的共同期望。他们深知如何获得权威,如何让公众赋予他们权力。"

"的确,"他继续说,"这是我们一直在谈论的话题。我们一直在谈,为了从你们那里获得权力,我需要满足哪些期望?如果打算选修这门课,那么你需要注意我。注意力是重要的权力来源,可以被视为通用货币。赢得注意力有两种主要授权方式:正式授权(这里指学校)仅仅让我有机会来到这里;还有非正式授权,这种授权是大家一直讨论的话题,即能力及某种个人亲和力是否会促使你们将权力交给我。对许多人而言,谦逊并不合适,但至少每个人都会同意这样一种说法,即如果打算给某人权力,他得有一些让你认同的价值观。就是说,他得端正心态。他或许能力很强,但绝不能滥用你对他的信任。"

"但权威关系的复杂性不仅仅由某人试图获得权威造成。权威关系之所以复杂是因为它由不同公众、不同拥护者、不同派系构成,其中每一个派系都对领导者有着不同期盼,并依据不同标准授予领导者权威。(他强硬吗?他软弱吗?他谦逊吗?他有自己的立场吗?他能承受打击还是会采取回避政策?)所以,任何处于权威位置的人都会立刻陷入这样一个困境,知道自己会满足哪些人的期望,又会让哪些人失望。"

一位30岁刚刚出头的女生若有所思地提出一个看来她上课期间一直在琢磨的问题:

"你能够做到诚实、可信且有效吗?"

无人举手。全班同学似乎都意识到一个重要的问题已经摊到了台面上,教授这样回答:

"如果你踩着刀锋,走是可以走的,但脚会被割伤,人也会摔倒。我们在这儿学习的部分目的就是避免受伤,避免摔倒。"

一片肃静之后,坐在教室后面取暖装置上的一位女生起立,好让大家看到她并听她边想边说:

"在我看来,做到这点似乎很难。我只是在想此刻大家的处境。我们每个人都得考虑选定一门看上去充满许多不确定因素的课程,因为这是在场大部分人所上的第一节课,没有任何参照可资对比。看起来好像有很多人在尝试并且发了言,但还是给我一个实实在在可以抓得住的东西吧,让我能够确切地说选还是不选。我觉得我们听到的一切不会发生,每个人还得靠自己努力去作出决定。"

教授礼貌地回答:

"部分问题是人们知道如何以具体的学习方式,但这门课却要求拓宽学习方法,使学习方法与将要学的方法,或本该一直学习的方法更为贴近,这样一旦进入真正的组织环境,一旦无人告诉你该根据提纲学什么,一旦得由你自己整合知识、组织知识的时候,你才不会手足无措,因为事实上大家已经在这里说出了许多重要观点。不过,对许多人而言,这些观点都从指缝间溜走了,因为它们并不是以你们期盼的形式出现的,所以大家未能认出它们来。我没有以大家较熟悉的学习或授课过程来陈述这些观点。我没说,'Ⅰ(他在黑板上写道):权威与领导者的区别;Ⅱ:影响与处理棘手问题;Ⅲ:权威。A点:期望的产物。B点:可分为正式和非正式。明白吗?'"

第二章

第一排一位男生叹了口气,靠在椅背上,以自嘲的口吻懊恼地说:

"我现在就有这种感觉。我刚经历了一次自以为在实践领导学的事件,在做对我的服务对象有利的事情,结果弄得人人恨我(笑声),好像我做的没有一件是对的。于是我说:'得,让我上上这门领导学课程吧。'(笑声)我来学了,您却跟我说:'不,你得反思自己在哪些方面做得不妥,这样才能学会怎么做正确的事情。'所以——"

笑声像潺潺流水流过教室,紧张气氛一下子缓解了,教师耐心地享受着这一刻的欢娱,然后肯定道:

"这一点,我知道,但我觉得你们自己的失败与成功是最好的百科全书。如果你真正理解了自己哪儿看错了,哪儿做错了,理解怎样做有效,怎么做才与众不同,这远比你从别人的经历里吸取的经验更有意义。"

一位看上去40岁左右、表情深邃的男生大声道:

"这也驱散了我以前的想法。以前,我以为大家都认为我是位天生的领导者,现在我真的有所怀疑,因为我听您说'不,那些认为领导者是天造之才的观点早该被抛之脑后。'"

教师把皮球又扔了回去:

"你真幸运,这么年轻就认识到了这一点。"

(笑声)

那位男生答:

"其实我不显老。"

(更多笑声)

课临近尾声,一些学生陆续离开。不是因为决定不选这门课,就是因为得冲到校园另一侧赶下一节课。教师感谢大家第一节课能提前赶到,同时也强调了一些基本规定,包括不得迟到早退等。"这些是必须做到的,"他说,"对于一节本身就是教材的课而言,更应如此。"教师还提出"礼貌规范",相信大家都会遵守。

这又引起一位女生发表感言:

"与这个问题相关的隐私问题怎么解决?或者说,在案例讨论过程中,我们会提到一起工作过的人,要改变他们的姓名和住址以示对他们的尊重吗?"

"这是个刁钻的问题,"教授说,"周三我们会更详细地谈到小组讨论和案例咨询问题,到那时讨论这个问题会更合适。"

"好吧,周三见。"

第三章 领导学教学实情
——引领群体的学习

"刁钻!"海费茨形容第一节课上学生提出的最后一个问题时,用的就是这个词。其实,他好像把每个问题都视为"刁钻"问题予以解答。为什么?

不同世界的相互碰撞

能否利用人们根深蒂固的思维和行为习惯教他们做领导者?至少在他们抵制适应性领导学艺术要求的范围内这么做?海费茨就是这么做的!因为他清楚自己正引领学生以一种新的方式理解领导学,学习领导学。当然,这一举动起初并不被学生理解。

所以,第一节课上发生的一切,实质上就是不同世界相互碰撞的结果:一个是学生们头脑中固有的"领导者"形象——有魄力,有远见,有权威,有众人相随;一个是多数学生尚且无法想象的领导者形象。课堂上,教师做的正是引领学生以全新的方式尝试着理解领导学,观察如何做领导者,继而以全新的视角了解自己。然而,学生们对教师的满怀期望,往往使这种尝试举步维艰。

第三章

坚硬的高地与沼泽

　　学生对教师的高期望值,根植于围绕领导学所进行的种种臆想。难怪,匆匆赶来上课的学生大多对领导学持有一些固有理解,认为领导学旨在解决海费茨所称的"技术问题"。无论这种问题多复杂,都有法可解。

　　不料,教师要求他们的竟然是:充分认识目前面临的挑战,即人们常称的"沼泽问题"。沼泽问题属适应性挑战问题,与坚硬高地的技术问题有所不同。此外,教师引导学生,让学生自己发现有关领导学的问题涉及权力、说服力及个性方面的内容越来越少,而涉及如何帮助群体解决棘手问题的有关内容越来越多。很多时候,棘手问题已然历历在目,但解决方法却遍寻不着,因为有关问题的解决需要调节国家之间、大小企业、城市、地区、邻近地区与其他组织相冲突的价值观念,改变群体态度,鼓励学习新知,培养新的行为规范。

梳理各种想法

　　在第二章,海费茨常常提及"群体内部成员期望各异"的事实。的确,对领导学这一话题趋之若鹜的原因可谓汗牛充栋,需要讲授领导学的教师针对纷杂局面作出反应。就这门课而言,我们发现约1/3的学习者想学的是技巧(即技能、策略及处理手段)。正如海费茨所言,他们感兴趣的是摆弄领导学这门"乐器"。学生们寄希望于寻找正确途径,知道"如何包装自己已有技巧,以吸引公众",或者掌握"让自己找到错处的诀窍",想了解某些尚不为人知的套路以得到群体的信任。

　　另外1/3的学生选修此课,是想廓清自己的职业挑战和职业前景:我有潜力跨入更大的竞技场吗?我该选择以什么方式切入?我能学会与众不同的问题解决方式吗?(或简而言之,我下次能晋升或得到领导的青睐吗?我能让众人追随自己吗?我能赢吗?)

剩下的1/3学生中有一小部分人代表众人的心声,他们只想证实自身的能力。如果年龄尚轻,也许还想进一步证实自己是否符合"领导类型"以坚定成功的信念;如果年龄略长,并且已照自己的理解实施领导之职,只不过无以确定是否有效,便想寻觅志同道合之人,对自己的身份及付出的努力予以肯定。

个人魅力与个人权力

促使学生对这个话题兴致很高的还有一个原因。某些学生的目的似乎是掌握具体处理手段,解决生活中出现的问题,同时寻觅同道中人,实际上他们忧心忡忡,唯恐领导学仅仅涉及个人魅力问题。个人魅力是捉摸不定的,有则有,无则无。"个人魅力"(是上天的眷顾或秉承的天赋)常被视为领导者与生俱来的才能,因而常使人们将领导能力与追寻更富意义、更具成效的物质乃至精神生活之梦想相联系,不论梦想是伟大的,还是平凡的。

本质上,有关领导学的问题与权力问题休戚相关,个人魅力是讨论权力的一个很好切入点。除归属感和认同感外,人类生存还需要某种权力欲,即影响他人世界的能力。对某些人而言,权力就是征服、统治、获胜的欲望,是追求个人自由和控制他人的欲求,而另一些人则心安于间接权力——只要搭上有权力的人就满足了。一直以来,人类都热衷于掌握权力,争夺权力,行使权力,逃避权力,操纵权力,分享权力,维护权力或交接权力。

把教室当画室

海费茨及其同事通过着手解决其他问题得出结论:在新一轮全球一

第三章

体化浪潮中实践领导学的人必须接受无数重大挑战。如果说这一轮一体化浪潮复杂多变,且充斥着许多不确定因素,那么学习如何有效领导这种一体化的课堂也须同样复杂多变,且无定数——就像走在沼泽地里一样。因此,他们营造出的学习氛围可以理解为传统的教室(里面一排排桌椅摆放整齐)与实验室或画室(虽不整齐却生机盎然)的结合。

考林·伯克(Colleen Burke)是经济学教授,闲时爱研究美术。据她观察,画室里没人觉得自己在上课,这一点与普通教室截然相反。在画室,教师不一定站着,学生也不一定坐着,他们相互鉴赏,略加交换意见后,再回到画板前重新投入创作。在这里,错误并不意味着失败,教师鼓励学生犯错,并将这些错误视为不断前进道路上必不可少的阶段,因为学习过程本身就需要反复实验。在穿梭于学生中间时,教师不时给一些提示,而这些提示只有当学生自己动手实践时才有意义。

在画室里,教师会布置这样的作业:"画100种灰色,颜色越来越浓,色彩越来越暗,而且不能用黑色。"闻听此言,伯克想:"我能不能给我的学生布置一项作业,帮他们观察除黑白调和法外还有什么其他方法可以调出灰色?"

画室里的一切似乎增强了学生的学习责任感以及承担风险的勇气。伯克说:"我上经济学课时,教室占地仅几百码,而学生似乎与讲台相隔着几个世界。所以,我能否运用画室里的经历来缩短这一距离?"[1]

架起一座跨越讲台与学生的桥梁

适应性领导学培训的案例教学法,就是一座连接讲台与学生的桥梁,虽然该方法在某些方面满足的依旧是学生的传统期望,但在其他方面则创造了画室加实验室的空间,即实践、试验、展示和学习的空间,在表现学生领导欲望和领导习惯的画布上尽现各种灰色。

每位学生的经验及准备各不相同,常常大相径庭,但教师之所以用案例教学法上课,部分原因在于他深信:人,尤其是成年人在做好充足学习准备时,从自身经历中最能学到东西。正如课堂上所展示的,案例教学法旨在激发每个人,尽可能以直接的方式将所为和所思结合起来。因此,教师从一开始就鼓励学生将课堂看做一个社会体系,要求每个人都参与其中,为此将课堂看做一个画室加实验室,每个人都可在其中实践领导学并从中汲取经验。

舞池与阳台

将案例教学法的实施过程比做辗转于舞池与阳台之间时,海费茨这样建议:"想象一下,你身处舞池,翩翩起舞,活跃在热闹场景里。诚然,关于跳舞的事有些只有真正跳起来才会了解,但如果到阳台上稍待一会儿,你就会看到一些待在舞池里永远察觉不到的,即一个更大规模的互动模式,你不过是其中一分子。这样,你又掌握了另一视角,可以重新选择。"

这里讨论的是一种方式的行为与思想、实践与理论。之所以创造这样一种学习环境,是为了鼓励学生不断来回往返于舞池与阳台之间,目的是让学生在动态的社会环境下学习急需了解的知识,采用新的视角,不过这些视角未以工整的提纲形式出现。确切地说,这些视角主要是学生加实践者在实际解读自身参与的政治、经济、文化、历史和心理模式时才出现。

第一节课上,教师提到"识别群体最关心的事情"及直接触及这一事情的风险时,就在模仿这一转换能力。在该案例教学中,有许多大家关注的基本问题,如这门课将招收多少学生,如何招,课将怎么上。隐于问题表层下的(通常是最为关注的问题),还有其他一些关注焦点,最突出的是,教师在讲授领导学的过程中是否有权威,是否值得信任。

第三章

在教学实践中,教师注意到多数学生将权威与领导者等同起来,并据此希望教师能发挥作用,于是教师通过让某些人希望落空的方式证明这两者并不等同,但求证过程却让学生自己去做。教师要求学生自己澄清问题真相,鼓励他们加强自身辨别是非、判断是非的能力,而非一味被动地吸收教师传授的东西,或责怪他人犯下的过失,同时还提醒学生留意自己微妙但不假思索的期盼(意识到他们将来做领导者时,别人也大都会抱同样的期望)。当学生们发现得为自己作出的决定承担责任时,便能够认同教师,认为自己所做的任一关于领导学方面的决定都会非常重要。教师的语言虽然较为俏皮,但并非轻视这一话题。

事件的进展——深层次的活动

掌握一切学习中潜含的深层意义是一次更为深刻的转换,是认知论上的转换,也是我们如何"了解"的转换。这种转换需要转变个人与世界的关系,需要转换意识,转换看问题的方式,其中包括转换我们如何与权威产生联系的方式。在过去几十年里,学者们逐渐认识到一个人在有生之年不断理解事物(如理解、构建和重建现实)的基础上,对复杂性的理解能力也在提高,可以更充分地意识到什么是"自我和非我"——或者什么是主体,什么是客体,[2]因此形成了更综合、更完整的思维和情感结构,来坚持并定性自己认为对和不对的事情。

罗伯特·基根(Robert Kegan)将这些认知结构描述成"意识的指令",这些指令按某种固定的顺序发展,贯穿我们的一生。[3]从掌握具体知识(意识的第二道指令)的小学生到可以运用抽象思维和象征思维的成年人,其中融入了更广泛的关系群(意识的第三道指令),最终成为部落内部的成年人,这一过程就是意识的发展过程。[4]

对大多数成年人而言(即便是许多受过良好教育和培训的人),在意识的第三道指令里发挥的作用须合乎规范。在其他地方,我将第三道指令称为"依附依赖权威",也有人称这为"已获知识"。[5]在这一认知模式下,人们的思维和工作主要局限在一个彼此来往密切的部落性框架内,并依赖于可信任的、未经考证的权威。这种权威也许由个人担当,但通常来自日常交往中的一切潜移默化——传统思维被社会环境的权威所禁锢,被简单视为"原本如此"。正如无形地被家庭、朋友、同事、媒体、宗教传统、文化礼仪、学校和企业文化等影响一样。

当今面临的挑战是,随着世界的日益复杂化,许多成年人理解问题的常规方式已经落伍,无论是应付工作上的需求,还是在全国大选中投票,或是处理家庭琐事,方式已显陈旧。然而,社会对我们的要求越来越高,基根的一部书巧妙地形容了我们的窘态,该书名为《让我们摸不着头脑》(*In Over Our Heads*)。[6]面对新的社会,每个人,包括处于权威位置的人都易于陷入未经证实的臆测中,对自己身处的更大模式视而不见。沼泽问题要求我们认清相互依赖的各个体系,连接更多点,开阔眼界,理顺看似毫无干系的人群、组织、行为、事件之间复杂的联系网络。

所以,海费茨要求学生步入阳台观察更大模式,这么做是在呼吁学生从认知和情感方面取得重大突破,即形成意识的第四道指令。他鼓励学生培养严谨、系统、全面的观察视角,要求学生跳出自己的思维定式,要求学生思考自己的思维,引导学生形成系统性视角,让他们认识到每件事并非孤立存在,仅靠个体交往的思维和行为模式是不够的。在新的社会,不经思索想当然地依赖权威进行控制是不妥的,必须学会巧妙地管理巨型关系网,以对其进行控制和领导。正如曾为六届美国总统效力过的戴维·格根(David Gergen)所说:"总统应将自己视为一张关系网的中心。"[7]

系统性思考

彼得·森奇(Peter Senge)这样写过:"系统性思考是一项综观全局的

第三章

规则,是洞察事物之间相互联系而非事物本身的一个框架,是洞察动态模式而非静态'快照'的一个框架……系统性思考是一种观点,即评价各有机体系内部微妙联系的观点,正是这种观点赋予有机体系鲜明的特色。"[8]从生态学角度出发,沼泽事件可看做由多个相互依赖的体系构成,这些体系既不堪一击,通常又有出乎意料的复原力,因此可以说,仅处理某个因素,未免显得幼稚,有欠可靠。小型社区、大型公司、城市以及任何产品、项目或倡议都是互相依赖体系构成的巨网中的一部分。[9]然而,天天处于这种复杂背景下的领导者往往倾向于关注自己的项目,最多扩展到所属部门,认为只要使那些看似主管的人听从自己的命令,情况就会有所改变,可是他们不会运用更复杂、更系统的分析模式,因此无法获得更综合、更有效的认知、诠释和行为方式,发挥不出适当的作用。如果一项领导学实践活动本质上不涉"步入阳台",也不进行系统性思考,那么将无法在我们目前的这个世界中生存。[10]

我们在这里讨论案例教学法,旨在不断揭示社会体系中个体的优缺点,鼓励大家转换对社群内部权力的理解。有一种看法,即每个人都有权力,但这种权力只被有意或无意地用来管理我们身处其中的复杂群体。这种看法表明对命令加控制型领导模式的理解有误。

然而,在"默认环境"层面上培养这种意识很难,对那些将自己视做领导者的人而言可能尤为如此。文化背景告诉我们,每个人都是独立的,但事实上都是纷繁体系中不可或缺的一部分。问题的难点在于要认真反思现实,学会观察不同模式,要留心人们如何受环境的驱使,也就是说,人们如何被社会环境寄予的期望所塑造。在崇尚个人主义的文化里,人们很容易认为自己正在或应该在发挥领导之责,行为基本上不受其所属体系的影响:自己作决定并塑造环境,而非受环境的塑造。[11]例如,在以前的一项研究中,我采访过哈佛大学商学院的一些学生(其中许多人明显受环境影响),当问到他们是否认为人们受社会环境影响时,大多数人给出了肯定的答案,但是当问到他们自己或同学是否也深受社会环境影响时,多数人立即表示否认,认为自己是个特例。[12]

这么说来,我下面的发现也就不足为奇了。经过多年观察,我发现,对那些曾师从于海费茨及其同事的人而言,他们这个群体最苦恼的事莫过于承认教师的暗示具有挑战性。当他们处于正式权威位置时,实际上毫无自主权力,因为社会施加给他们的用于维持体系内部平衡的力量过于强大,使他们实际上成了受操纵的木偶。为激励学生,海费茨会说:"这么一来,你们一生中也就只能做2—3个'自主决定'。"

用这些及其他方式,教师给学生提供多种机会让他们发现自己如何可能真的成为受人摆布的木偶,如何忘形起舞,如何任他人的经历影响自己,如何就这里的真实情况进行的种种臆想提出挑战……同时,教师还让他们认识到自以为善意的行为会对整个群体产生意想不到的效果,其间,有可能扰乱意识的第三道指令,因为这一过程挑战了他们对权威未加质疑的信任,继而对传统理解上的领导者权力和控制提出质疑。所以说,获得权威不再是终极目标。权威的权力,不管由本人还是他人掌控,在领导学实践中已变成一个重要但有限的资源。这一转变推动了基根提出的"意识的第四道指令"的发展,在其他地方我将之表述为"严谨的、相互依赖的、系统性的思维"[13]。这里提出的要求,是借助已有知识进行有意识的付出,而非在不确定的世界里作想当然的猜度。所以说,这是一种新的观察、思考和认知方式。

新思维的代价

这是一种深刻的转变,因为这种转变拓展了学生的能力,鼓励他们洞察大场景,认识复杂模式,将权威所起的作用视为领导学实践的唯一一项重要资源,同时重塑自己的权力感和目的感,当然这种转变需要付出代价。相比之下,以前的思维和行为方式较少考虑到这一点,因为当

第三章

时的个人世界便于"管理"。现在,以系统性观点来看,个人世界在扩大,在日趋复杂化,极不容易管理,个人也随之感到无措,受贬,且缺少安全感。

随着这种观察和思考方式的日渐突显,人们关于领导能力和行为规范的概念也发生了转变。在依赖权威、集体意识强、相互交往密切的框架内,人们更易辨别是非,分清好坏与利弊。以系统性观点来看,必须摒弃权威无所不知的看法,摒弃除遵从权威外只有担任权威的看法。一般而言,事实真相、好与坏、对与错、利与弊等问题日趋复杂,叫人捉摸不透。在旧的框架内,每个人都将自己想象成善意的自我,毫无恶意。以系统性、整体性观点来看,必须为共同的自我放弃善意的自我——共同的自我是更广泛的共同体中不可缺少的囊括好与坏的重要部分。

此时,按系统性观点而论,个人权力感开始重组:一方面,个人少担了些责任;另一方面,在一个完全相互依赖的世界里,每一个行为都对应一定的效果,所以每个人的所作所为(即使很谦虚)都可能产生意想不到的效果,[14]这样便扩大了个人的责任范围。通常,你会一再发现领导学实践在一个更宏大、更复杂、更有活力的世界中展开。在这个世界里,知识只是部分内容,个人行为的结果亦无定数。对许多人而言,现实要求他们更谦逊、更勇敢,而这种视角转换是重新了解现实所应迈出的一步。这种看问题的方式,对在民主社会如何做个好公民,以及在复杂社会里如何做个好领导者,日渐重要。

努力学习所面临的严峻考验

自我与世界之间关系的深刻转换需要一个浓厚的、支持性的环境氛围,[15]需要有稳定可靠的空间,为改变他人意见这一艰巨繁冗的工作提供场所。虽说案例教学法看上去自由散漫,毫无规约,实际上第一节课的活动正好创造出一种持久的氛围,海费茨将其简单描述成"容器"。在这个"容器"里,重大的转换工程——适应性工作才能得以进行。如果人们打算转变观察和行为模式,那就需要一个环境,即一种社会文化来确保他们以可靠的方式继续行动,集中精力致力于这项转变,即使遭遇挫折也不改初衷。

在这个例子中,支持性环境的创造部分是以传统教学实践为基础的,如课程大纲、授课教师、助教、讲座或演讲、电影、案例研究、讨论、批阅作业、完成作业、学期论文、成绩……这一结构随着某些群体规则的制定得到进一步巩固。例如,海费茨作为教师和指定权威,他是支持性环境的一部分,很明确地希望学生不要迟到早退,当然这也是构造"容器"边界的一种方式,而容器的构造在具体的学习过程中可以被更准确地界定成一次严峻考验,因为该容器必然要忍受转换过程中的异常高温。

掌握适应性领导学之所以是一次严峻考验,原因还在于需要巧妙地运用时间和空间为别人创造参与和反思的机会。大课(如第二章所述)每周两次,每次两小时,但并非只有授课这一种形式。更确切地说,大课只是画室加实验室的生态中心,由小组讨论、每周一套学习问卷、一些作业(参见第四章)、晚间增加课时(参见第五章)、非正式谈话及定期会面组成。

多层面结构的价值在于,能提供不同背景的环境和学习模式,满足不同人对安逸和拓展的需求,可帮助每个人体验他即将学习的内容,同样也提供机会去比较同一行为在不同领域产生的不同结果。掌控这类学习环境有点像同时照应火炉上的多个水壶。在该案例中还有教学助手(即助教)这部分不容忽略,这部分虽不显眼,却是整个环境中重要的一环,也是支持性环境的骨干力量。

教学队伍

在该教学模式中,五六名助教会在每次课前课后与教师交流一个小

第三章

时。[16]这样一个画室加实验室具有双重目的：（1）了解并支持学生个人和学生整体的学习状况；（2）作为助教及教师继续学习的一个平台。案例教学法要求有高度的敏感性，自诩依靠个人力量便能成功引领众人、准确解读不同行为，并恰如其分作出反应，是不现实的。所以，助教们为学生们增加了一个项目，即到阳台观察教师如何参与舞池的事宜。经过一段时间的观察，学生们学会了如何更有效地参与。

开这门课之前，海费茨召集助教们开会。会上，他强调助教这一角色的重要性：

> 感谢你们加入这支队伍。这门课年年都有变动，因为学生在流动，助教队伍也在流动，唯一不变的，也是这门课之所以重要的原因是，大家来这里就是为了与众不同。学生们满怀热情，充满期待，所以我们要帮他们更有效地达到目的，要培养他们的纪律性，培养他们的分析意识，培养他们的战略行为。
>
> 我们的工作是帮助学生走过这一过程。开设这门课是为了让他们从自身经历中学到东西，也从别人的经历中学到知识。至于如何解决问题，这不是我们的工作。我们是教育战略家，专门为学生协调资源，提供可供学生学习的框架。
>
> 学生能否达到最佳学习效果，取决于我们这个团队的合作。我们必须创造一个学生可以运用的支持性环境。这就好比一个高压锅，当然安全首先必须得到保证，同时每个人都能畅所欲言，这便需要一个适宜的环境，需要允许享受这份工作，共同呼吸，而非屏住呼吸。如果我们焦虑不安，就会令学生也焦虑不安。学生需要承担风险，如果赌注太高，他们不可能冒这个险。小群体与大群体十分相似，以我们这个小群体为例，当我们从自身一个个问题的解决中收获成果时，也可获得洞察大群体的能力。

上课阶段，教师会问助教诸如此类的问题："这个礼拜课堂上出现了哪些（适应性）挑战？""我们中间发生的哪些事情可为课堂提供灵感？"或者，"本周的主题（如解决冲突，消除诋毁，保持沉默或创造力）如何在课堂上体现？"

在实践中学习理论

案例教学法是教与学的一项持续性实验，采用的方式与正在教的有关领导学理论相一致。课堂上，教师们亲自示范适应性领导学的要求。例如，第一节课上（如第二章所述）海费茨一直没对这门课如何招收学生这个众所关注的问题作出回应，直到"格蕾琴多了个盟友"。这一转变验证了一个日渐明确的教学难点：适应性领导学需要伙伴、盟友、知音，以获得视角，取得支持，获取信息，建立同盟以展示才能。就这样，助教与教师齐心协力，共同传授并示范着合作的技巧。

一个初显峥嵘的框架

随着案例教学法的深入，一个提供分析、诊断及参与的框架开始显现。这个框架在大课上处理学生案例时最为明显，最为集中（当然此课本身仍是一个案例）。海费茨要求案例中的学生和整个班级作为一个整体反思案例，并提出建议，建议如何制造本可以产生更积极的效果。然后，正如大家所期待的，海费茨开始直截了当地谈案例，采用的是介绍框架给学生，主要以问题形式展开话题，因为一旦须回答问题，就要求学生自己思考而非遵循权威。这类问题包括：组织、机构或企业的目标何在？任务是什么？是技术性问题还是适应性挑战？适应性工作有哪些？对这一问题有哪些不同观点？谁担任正式和非正式权威？什么力量促使他们发挥作用？谁代表什么问题？这个问题有何来由？有哪些（真正

第三章

的和可能的）合作伙伴和同盟？一位学生提供案例，其他学生着手解决问题，而教师则在黑板上简单勾勒出整个体系，展现另类视角和行为。

通过这些和其他种种方式，教师们将案例法的理论因素讲得浅显易懂，具体做法是将概念和观点提炼成简洁明了的暗喻或短语，如需要学什么及谁需要学、从政治角度进行思考、集中精力处理问题、做事深思熟虑、仔细琢磨工作、调节热度、降低热度、铤而走险、沉着冷静、保持好奇心、保有活力、调动群体自己解决问题、让群体希望落空但仍能承受……以此帮助学生认识自己最需要认识的事情。[17]正如海费茨所述："在案例法教学中，概念是吸收课堂上一切知识的消化酶。"

学会识别各种模式

这种讲授领导学的方法培养了学生识别社会体系中重要模式的能力，这些模式对于从复杂世界中获取领导学的艺术至关重要，正如埃伦·沙尔（Ellen Schall）所说："从混乱中理清头绪。"[18]刚才提到过的重要模式包括：权威的角色和作用及对权威的挑战；群体内部的不同派系；调节工作热度；逃避工作的行为；损失和悲痛；挑战自我。

权威的角色及对权威的挑战

整个班级一旦成为社会体系内可预测模式的一个实例，该群体内一些鲜活的事件便开始涌现，人们对位高权重之人抱有的期望也次第出现。在第二章案例中，海费茨就意识到学生对他的可信度及能力抱有或明显或潜在的期望。

在大多由成年人组成的群体里，在由依附权威、依赖性思维向严谨内在的独立性思维转变过程中，每个人所处的环境各不相同。因此，一般说来会有一些人强烈需要处于权威地位的人来控制局面，也有一些人想与权威共同合作,还有一些人则持矛盾心理。颇为突出的一点是,总会有那么一个人想挑战,即使不想推翻掌有正式权威的人。有时,此人会将自己摆在与权威直接对峙的位置,提出挑战。更有些时候,挑战类似狙击手开枪——速战速决。

未来的领导者需要意识到如何及何时发挥权威的作用,需要对不同行为作出回应。在案例法教学过程中,教师通过实战操练(如导向、指挥、设立规范、解决冲突及保护群体)来发掘学生的这种意识,而实施权威作用则可维持社会体系——学习环境的平衡。

为帮助学生发现群体对权威的需要,帮助学生认识到权威是实践领导学的唯一资源,教师会借故离开一会儿,让学生亲身体验由他人来重建权威的难度有多大(尽管许多人会进行尝试),让学生看看如果接下来仍无权威管理,群体会如何陷入混乱。

面对这样一种局面,面对"究竟出了什么事",大家众说纷纭,这对学生的学习大有裨益。当然,学生们首先会犯糊涂,然后会梳理自己的挫败感、无助感、对权威的渴望、对权威的抗拒、核算获得权威(正式或非正式)须付出的成本、自己是否乐意做权威、行动时如何及为何作出反应……所有这些都提供了良好的条件,每个人都可从中学会解读一些重要模式。

其实,教师只不过在亲身实践领导学提出的一切要求。课堂上,教师分析发生的一切,用一种"声呐(利用声波在水中的传播和反射来进行导航和测距的技术或设备。——编者注)"寻找隐含的重要问题,从本源上探究究竟发生了什么事情,揭示隐晦的、未明述的动态,培养学生的能力及自信,使他们敢于提出未加阐述、未被吸收却强而有力的观点。教师的这种工作方式既非培养学生依赖权威的习惯,又非将学生拒于千里之外,而是指出其不妥之处并努力加以改变。与此同时,教师一面解读规范,一面挑战规范,并在有意让大家希望全部落空之后引领他们开

第三章

阔自己的眼界。

不同派系

人类群体内还有一个可预测模式,即面临看似乱糟糟的局面时,个体会融合成不同派系。辨别并协调不同派系间的相互作用是一项重要能力。

第二章里,教师"强调不同小组"时是在"教"学生识别不同派系,识别每一派系代表的不同需求和期望,鼓励学生观察派系之间的相互作用为什么比个体之间的相互作用更为重要(教师假定一位学生关注的问题代表至少10%至20%学生的意见)。此外,教师还提醒学生识别各个派系背后的操纵力量,以及隐藏在试图管理这些相互作用的人之后的力量,即管理掌有权力及正在尝试做领导者的人。

教室里存在不同派系,尤其当学生将教室视为实践场地时更是如此。以下是一位教师的点评:

> 一派想挑战我,一派欲支持我,还有一派如同从事脑力活动那样坐在一旁一言不发,虽然好奇却并没学到东西,因为连参与的勇气都没有。我必须想办法引起第三派学生的兴趣,让他们参与进来,虽然这样做会分裂他们。通常,会有一派觉得自己的心声在群体里不被某些人所理睬,因而宁可冒脱离群体的危险也不参加与自身相关问题的讨论,不思进取。或许,有一派有过争取公民权、服役或行政经历,因此他们由于亲身经历过,便认为在做领导者的问题上自己比谁都懂。还有一派,会因为某些煽动性的言语而灰心。总有一派年长的,一派年轻的。作为努力行使领导之责的权威,我的工作是把握他们的整体性,作出各种回应来揭示各派系间的内幕,令学生将班级看做一个体系,使每位学生都能掌握分析框架,而这个框架正是

我们用整个班级做案例教给他们的。[19]

调节热度

适应性领导学的艺术同样取决于调节能力,即调节学生冲突的热度,这是推进适应性工作所要求的。发现了学生中间的派系和冲突后,领导者要做的就是将冲突的热度控制在一定范围内,这是被该方法称为"协调冲突"的一大特点。如果将这种考验比喻成高压锅,一旦锅内温度过高就会引起爆炸,而温度过低则不起作用。慢慢地,学生们会注意到教师在用各种方式调节整个班级的热度,因为赋予学生更多责任会令其略感不适,甚至引发公开冲突,而替有意捣蛋者和奇谈怪论者辩护也可能使教室升温;另一方面,降温可通过解决问题的技术层面肢解问题,设立决策规则,运用幽默或减缓挑战常规和期望的过程来实现。

把相互竞争的各派系协调成代表共同利益的和谐体,方法之一是提出深层次的问题,将众人的目光转移到有意义并能赢得全部注意力及全部热情的挑战上来。从这一角度看,这间教人如何做领导者的教室再次成为整个世界的缩影。例如,有这么一种现象,某些人的工作经验和教育背景十分出色,却不着手解决手头问题,而是傲慢地凭空炫耀自己的专长。如果见班级里有一派学生有类似的表现,为重新将他们吸引到目标上来,海费茨便会提醒:"当今社会的一些重大挑战,如市场全球化、饥荒、军备扩散、恐怖主义以及全球性健康危机等,本班级无人(包括本教师)能有效解决。"也就是说,这里的每个人只有通过学习才能学到更多关于如何做领导者的有用信息。

逃避行为

目标问题提供了另一视角,开始将诸如聚焦权威人物的习惯看做关联因素,常会干扰人的注意力。课堂上,教师继续识别种种模式,用各种

第三章

观点和暗喻诠释运用领导学的复杂实践中可能出现的问题,其中一个重要问题就是逃避工作的行为,即在面临适应性工作的冲突、不安和痛苦时,许多人迫切渴望转移注意力,逃离真正的问题,这样做有些类似于为赌金保管人开脱罪责,不过可以理解。逃避工作的形式多种多样,如寻找技术性解决方法,责怪权威,寻找替罪羊,转移注意力,坚持遵循旧有程序,或干脆置若罔闻。因此,正如海费茨所说:"领导学实践的又一关键问题是如何抵制预料中的逃避行为?虽然人们有所抵制,但如何才帮助他们取得进步呢?"他认为:虽然人人都会逃避适应性工作,但通常并非有意为之,有时是下意识的。所以,适应性领导学要求人们学会透过现象看本质。逃避工作这一概念提供了一种现象,将一系列看上去杂乱无章的行为聚焦成为可辨别且强有力的识别模式,开创了又一新的思维和反馈模式。[20]

损失和悲伤

抵制适应性工作的一个主要原因是这项工作通常会导致损失和悲伤。海费茨和林斯基曾在书中提过:"人们抵制的不是变化本身,而是变化造成的损失。"[21]研究案例时,学生们会第一次意识到为避免适应性工作带来的损失时自己会深陷入多种模式,这种情形令人同情,例如一位学生讲述和分析自己未能实现预期效果的一个工作案例时,和班里其他学生一起情不自禁地哽咽起来。接着,教师对涉案人员的感受进行简短点评,使该生隐约意识到,也使整个班级意识到,处理问题时必不可少的一步是,甘愿并有能力传达坏消息,对接受坏消息的人抱有同情心并帮其忍受失望,尊重业已消逝的事业,同时确保适应性工作的持续进行。

对许多人而言,悲伤和损失意识及相应的应对意识是一个全新的概念。每每讲到这里，海费茨会稍作停顿让大家慢慢体会，然后另举一个冲突的例子来深化大家的理解，当然这个冲突可能规模不同，时代背景也有所不同，比如他也许会提到巴勒斯坦人和以色列人之间的冲突，实现双方和平的适应性工作应如何展开；还会讲到犹太人和巴勒斯坦人各自的伤心事，他们不仅丧失了财产，还丧失了根深蒂固的信念和珍贵的梦想，如文化遗产和民族身份。学生们开始意识和体会到适应性领导学如何要求人们巧妙地糅合自己的同情心及应采取的策略。

向自我挑战

学习如何实践适应性领导学，对每个人都提出了一系列特殊挑战。案例教学法的一大优势是，每个人可根据自身需要及所做准备，体验做领导者时的盲点、缺失及单纯从自身环境考虑问题所引发的后果。例如，见某位学生一直侃侃而谈，教师会提醒他到阳台上去观察复杂模式，这样他也许可以把话说得更策略些；又如见某学生喋喋不休毫无重点，教师会直接打断："知道吗，有 2/3 的人没听你讲话？"还鼓励学生："把自己当做晴雨表，观察群体里发生的一切。"这么做，教师是在要求学生留心自己的感受和发现，确定自己看到的属于个别体会还是群体反应，因为一旦学生感到厌倦、焦虑或迷茫时，这也许是一条重要参考信息，可帮助他们判别某种状态属于个人状态，还是整个群体或某些派系都是如此。

教师以上述方式要求学生辗转于舞池与阳台之间，而进舞池本身对某些人而言就是一项挑战。一位学生上课后没多久告诉我："我发现站在阳台上观察众人受益匪浅。见整个场面那么混乱，有点类似吵闹，我都不打算参与啦。坦率而言，这种参与其中的能力，我若能利用余下的时间着力培养会大有好处。"

第三章

相比而言,另一位学生则发现退出讨论是明智之举。他说自己学会了如何在家庭争论中占上风,即在别人或所有人同时说话时作出必要的让步。上完这堂课后,他反思道:"我发现自己过去即使闭口不言也听不进别人的话。这门课相当有用,现在我不再单单考虑在具体某一点上怎么说,而是有意识地培养策略,这样做既有趣又实用。我逐渐意识到只有好好倾听才能有效地参与。"用此类方式,学生们学会了如何将自己看做一种资源加以充分利用,而非白白浪费。

富有成效的干预

仅学会如何解读社会体系内的各种模式并简单地加以剖析,远远不够。如果有人打算在这一体系内实践领导学,他需要学会用干预的方式来帮助组织或社区迈向新台阶,鼓动人们有效地应对适应性工作,这便要求众人认识到一个体系内存在许多作用点,因此可从自身所处位置诠释领导学的内涵,并进行操练。其中诀窍在于,能够分析体系,然后以某些字眼、某些动作或其他能有效推进群体生活和工作的行为(或有意的不作为)为出发点进行参与,然后反思结果,为下面的行动提供可靠的反思模式。

一位专门从事教育改革的非裔美国女士举了个例子,回忆课堂内容成为她一生关键转折点的那一时刻。那次,她告诫"两位白种青年人"他们说得太多而且离题了,不料此番话立刻引起一片骚动。很快,许多学生作了点评,其间她用心倾听着。她说:"真的很想听听他们说些什么。等我觉得他们该说的都说完之后,看见海费茨瞧着我,神情像是在说'现在想说什么吗?说出来一定很爽。'我内心的一个声音也在随口附和'没错'。"

然后我就开始讲,现在记不清自己到底说了些什么,只记得自己比平时更加直抒胸臆。我阐述了自己这么说的意思,还不时提及那些点评。那一刻,我觉得自己被赐予了一个绝佳的机会痛痛快快地干了一件事。也许我会搞砸,但并没那么糟,或许我可以试着做点准备。当时,就像已倾力而为了似的,感觉很好。我仿佛觉得自己来到了一个新的环境,当然不仅仅是我一个人的环境。我到了一个新环境,整个班和我——作为一个整体也到了一个新环境,那就是天堂。我原以为会很糟,但事实并非如此。

直截了当,畅所欲言,既有助于大家了解我,也有助于我更加了解大家。我以前之所以不被大家关注,是因为大家对我一无所知。如果别人不怎么了解你,自然也没什么可以反对你的,这是一种保护策略,但是同时大家也不知如何帮你,也就无人同意你的立场,真的……要得到想要的,必须展示自己。对我而言,这真是个重大转折点。仿佛各扇信息大门均已打开,我吸引了大家的全部注意力。若要完全以另一种方式看待问题,我想象不出还有什么地方能不需付出巨大代价就能有这样的经历,能学到自己想学的东西。

我问:"能描述一下处于不同环境中的感觉吗?也就是说,你认为新旧环境有何不同?"

嗯,新环境让我感觉更开阔。我过去时常感到特别特别压抑,会不时地发泄自己,因为我累了,累得要抽筋,所以想活动活动。当所有人都在变化的时候,我所到的新环境视觉十分开阔。现在,我觉得什么事都有可能。

然后就像说"噢,天哪,我不能再这样做了"。总有一个反反复复的过程,抓牢既得的,松开无法企及的,并放弃它们!

第三章

"放弃什么?"我问。

不再随便向人发起挑衅,那是一种不光彩的逃避手段。事实上,我挑起种族话题,转移了众人对真正种族问题的关注,但并没鼓励他们集中注意力积极解决问题……还有一个方法,就是努力采用与别人相关的策略,给自己多种选择,而不是制造徒劳无果的冲突。

这门课程旨在引领众人发现复杂社会体系中的内部力量,培养学生的识别能力、有效的分析能力、有策略的参与能力,促使社会体系发生建设性的变化。若能将整个行为领域中互相依赖的特色视为人们必须参与的现实的本质,就形成了一个更复杂、更巧妙、要求更高的领导学实践,即使无法完全控制结果,仍能积极参与其中。了解到这一点,就会发现自己与世界之间的一种崭新关系。

搭建连接臆想与实践的桥梁

案例教学法使学生在学习过程中既富生气又略为不安,因为该方法鼓励学生积极主动的参与,力图为跨越距离搭建一座桥梁,以满足每个人的需求。这段距离指的是大多数学生对领导学抱有的臆想与领导学实践之间的距离。若能沟通两者,那么领导学实践就可更充分地应对经历巨大变化后的复杂组织和社会内部的适应性工作。

与教学讲述的观念相比,案例法更注重互动,同时还设有一个发现过程。在发现过程中,适应性领导学的基本特色及要求犹如案例教学过程中展示的观察、诠释、概念、意想、比喻及故事。随着学生的经历与观点的不断碰撞,理论在对实践的反思中慢慢显现,分析性框架也出现了雏形。

当然,这种学习有时显得过于繁冗,令人迷茫和泄气,确定需要一定的时间和实践,而且还需要大家的合作。下一章将提到小组活动,但重点关注失败的领导经历,即提供另一范围的反思与实践,使之在学习、实践、传授适应性领导学的过程中发挥同样重要的作用。

第四章 公开向失败学习
——小组讨论的力量

在第一节课上,海费茨发出一个重要信号:"最好的百科全书莫过于自己的失败教训与成功经验。"从而传达出一个理念,即成年人从自身经历中最能学到东西,失败的经历是课堂最有力的素材。正是这种信念将案例教学法展现得淋漓尽致,使学生受益匪浅。

掌有正式权威的人一旦被视为领导者,在应对失败时就会承受巨大压力,更别提承认自身错误时所要面临的压力有多大了。领导者肩负维持或恢复社会群体内部平衡的期望,因此承认失败有可能损坏自己的可信度和可靠度,从而威胁到群体的平衡。当今社会,个人技能被视为某领域的核心所在,具有极高价值,再加上社会竞争异常激烈,往往一次失败就会使饭碗不保,生计难继,还会让人心生惭愧、内疚、失望、无助、迷茫和悔恨。同样,失败还会威胁到人类的基本需求——归属感和亲近感。另外,受市场、工作单位惯用策略的影响,加上人自己会一再谋求自卫,从而增加了从失败中吸取教训的阻力。找个现成的理由推卸责任,指责他人,似乎更容易,有时甚至明显为形势所需。所以,社会中某些领域逃避失败的现象非常普遍,当人们请一位年轻的成功人士谈一谈自己的某次失败教训时,该人答:"我想,找出自己生活中的失败例子有点难

第四章

度。"接着,他老老实实地添上一句:"至少我妻子是这么说的。"[1]

另有某些领域的人并不逃避失败,例如艺术家和科学家,他们将失败视为其钟爱的职业生涯中很自然的事情,是追求佳绩道路上必不可少的一步。虽然所犯过错起初叫人灰心。但一旦它点燃又一新的前进道路时,则成了一种馈赠。同样,在实践适应性领导学艺术时,把失败经历引入多重视角和系统性分析框架,可以开阔眼界,产生新见解,重构现实,让人产生新的理解,并采取新的行动。这个过程对学习很重要,对适应性领导学的形成也极为关键。所以,需要建设一个能够反思失败的文化。

另一种行为

这一薄弱层面上的学习,要求进行较小规模的社会互动——起码最初如此。第二章、第三章介绍过的大课,提供了一个学习论坛,其规模好似一家公司、一个部门、一个立法机构,或市政厅召开的听证会。大群体可能提供的是一个迷茫错乱的场所,这有助于洞察更大背景下的各种模式,并学会如何参与有着多重体系的领域。小群体的理想状态为6—10人,更类似于一个专项工作小组,一个董事会,一家小企业,一支设计队伍或某个行政内阁,讨论的内容往往与个人密切相关。对适应性领导学有要求的场合大多要求大小两个行动都有出色表现。

因此,教师要求每位学生都加入一个小组,进行实践、实践、再实践。这里的实践既是试验也是反思,两者在如今繁忙的社会十分难得。小组提供了一个集中的、较易管理的画室加实验室条件,每个人可以认真反思以前和当下的领导学实践活动,与正在讲授的理论进行比较。这个相对集中、设计精细、结构紧凑的小组好比面向大群体的一个阳台,大、小群体为学习领导学的同一方法提供了二维视角,也提供了更复杂的行为和反思领域。

对许多人而言,小群体更安全,不过小组讨论时很难做到袖手旁观,这也就增加了从被动观察到真正参与的可能性。在小组里,学生有机会直接与其他学员一起交谈,聆听不同背景下的不同案例,更可能听到来自世界各地的案例。

小组在三个方面对学习适应性领导学有帮助:(1)与失败建立一个对话机制;(2)要求学员尝试不同角色;(3)集中注意力将反思结果诉诸于笔端,让自身经验与正在讲授的概念相结合。

与失败对话

适应性领导学实践的一个重要特点是能采取修正性行动,这就要求人们不断从自身错误、错失的机会以及在已知问题及答案欠明确时不可避免产生的失望情绪中汲取经验。因此,每节课上教师都会任命一个人为案例陈述者(即CP),陈述自己失败的领导经过。

案例研究要求案例陈述者写一份简要的案例介绍,以引人入胜的故事形式加以陈述,同时须留有充足的讨论时间。在思考案例的过程中,教师鼓励案例陈述者采用正在传授的系统性框架整理出一些问题(这可能是将学生经历与所教观点相结合的另一种形式),还鼓励学生提一两个自认为经众人讨论便可以有所收获的问题。这样,案例陈述者有机会实践如何从复杂情境中提炼相关的材料,如何决定哪些重要信息群体需要了解之后才能提出建设性的意见。的确,处理沼泽问题的人需要认清事情的本质,知道如何求助。求助与有关领导者的英雄式神话相矛盾,所以对许多人而言,学会如何求助及如何回应好的建议是一个全新的重要学习领域。

至于小组其他成员的任务,就是向案例陈述者献计献策,让他采用

第四章

一些新的诊断方式和行为方式。这也为小组每个成员提供了一个机会，去学习如何倾听，如何参与，如何一步步推动群体工作。每个人不单就当下讨论的案例，还可就整个小组正在进行的工作这两方面，检测自己对领导者的要求是否理解得当。

失败往往不堪回首。在小群体里，存在着一个参与层面，在这个层面上参与彼此案例的讨论与单纯阅读讨论别的案例这一传统方法截然不同。传统方法只是简单地解读、分析不同环境下的某一案例，试图揣摩教师的答案，并借成功解决问题在同行面前炫耀自己的聪明。在小群体里，有人会坦率地谈及自己的亲身经历，这时候其他人可以提一些具启发性的问题，拿出一些好的观察视角。这样，他们就能从痛苦和迷茫中汲取教训，重新投入工作吗？这种教与学的模式可以活跃小组讨论气氛，继而为大课注入活力。

把工作交还给群体

适应性领导学要求掌握如何将工作交还给群体（即须学习、变化、适应的社会体系）的方法，因此，与所教理论相一致，这一学习计划有别于典型的学术实践，即学生组成小组，助教（即TA）充当小组权威。相反，每个小组成员轮流做小组指定的权威（即DA）（注：这项实践可将教师的权威中心地位转向学生，这是向关键系统意识进行深层次转换的一个重要特点，有关内容第三章有介绍）。

会前，教师给指定的权威一份书面"指定权威须知"，提醒指定权威不忘小组目的、任务、权威的社会功能、领导者应遵循的关键原则、操作模式……总之，均为这门课所教授方法的概括总结（再次将学生经历与所教内容相结合）。"须知"最后一部分建议："然后，你或许感到很成功、很喜悦；或许你感觉如芒刺在身，忧心不已，无人搭理……；或许你发挥的作用自己都没意识到。"因为每个星期都由不同学生充当指定权威,因此每个学生都有机会参照其他成员的表现反思自己担任这一角色的成败。

每个小组都指派一位助教,助教不参与小组讨论(但助教要与每位学生一对一地交流)。因此,每周每个小组自行讨论90分钟,且须提出其对权威功能的需要。每个小组配一个指定的权威,不仅保证了每个学生都有机会担任这一角色,也能防止小组陷入可能的混乱。

整个学期中,每个学生都会扮演一系列角色:案例陈述者、指定的权威、案例陈述者的顾问,及为满足群体需要、迎合每位实践者的性情和习惯而扮演的非正式角色。有关内容,下面会谈到。

书面思考——填写问卷

适应性领导学的一项关键特色是提问艺术。好问题能吸引人的注意。能外化重要问题,能帮助人们学会从过去和当前的经历中了解自己的需求。在这一教学方法中,每周要求学生用书面形式反思小组经历的学习问卷,这是该学习过程中的核心基础训练。写作是这一训练的一项重要组成部分,因为写使人能更深刻、更精确地反思,从而更具洞察力。写作过程促使一些观点和见解慢慢消化,从而利于默认环境的改变。

一个学期通常采用三份略有不同的问卷,在里面将某些问题一再重复,以吸引、训练注意力,揭露一些盲点,为冲击旧习惯创造可能。

本课程的这种反思训练还有三种形式:针对一两部必看电影所做的书面学习问卷,每一问卷只涉及一个案例;课外写一篇文章,谈一谈自己的雄心抱负(见第五章);最后的论文。[2] 助教的一项重要任务就是评阅并及时就问卷及论文中提出的问题作出书面回应,将个人与小组工作作为一个整体进行追踪。

第四章

第一周的问卷这样开头：

该问卷旨在帮助你分析小组讨论过程。所以,建议在小组讨论的同一天填写这份表格,两小时内完成,[3]字数限制在三页纸内(注意:要求大家填表时认真思考并迅速作出反应,这一要求与领导学实际操练一样)。

九个问题中的第一个是：

小组讨论的目的是什么,任务是什么?

值得注意的是,要真正意识到并说出小组讨论的深层目的很难。就本课程教学这个案例而言,深层目的是学习并实践领导学,即如何动员人们在棘手问题上取得进展。整门课程中教师都在提醒学生:前所未见情况下采用的观点往往有误,但目的需清楚得犹如北极星,能指明适应性领导学实践的方向。目的是否明确取决于是否有能力识别能使冒险具有意义的观点。不管在什么环境下做领导者,即使极富智慧的人都得花上一段时间来认识群体的深层目的。说真话,参与小组讨论有时很过瘾!

接下来的问题将注意力转向可预测的模式：

小组讨论的最初阶段发生了什么?(如头几分钟发生了什么?)

你所在小组隐藏的主要问题是什么?

最初的事件能为识别组里隐藏的主要问题提供暗示吗?如果能,两者有何联系?

毫不奇怪,多数人起初会犯糊涂：留心最初发生的事怎么会对了解其他问题有帮助呢?同样他们也不确定是否存在隐藏问题。但是,这里提到该方法的又一信条,即在大多数人类群体里,一些未言明的问题如一直得不到解决,往往会极大地阻碍事情的发展。学会揭露隐藏问题,将看似迥异的问题相联系,继而对可预测的模式有所留意,是掌握适应性领导学必不可少的一步。事实上,周复一周,问卷上的问题一再将大家的注意力吸引到群体真正的问题及实质上来,使大家逐渐意识到究竟发生了什么。在分析社会体系内部所进行的一切时,大家实际上就是在实践,并在检验自己的认知,检验所做的行动是否正确。

小组讨论的走向

至于这种讨论过程的潜在价值,大多数参与者并非一眼即明。因此,教师需要花费大量时间引导全班学生进行小组讨论。海费茨介绍问卷时透露说,大课与小组讨论其实是一致的:"每个人都渴望擅长步入阳台观察各种模式的方法。典型情况下,最初站上阳台根本什么也见不着,就好比纵观一个新的领域。但随着时间的推移,你们就能够慢慢认识到政治加组织加社会体系中的种种模式。"他提示说,助教们的回应将"帮助大家理解已做过但未看到过的事情,帮助大家将事情一一联系起来"。

学生们注定会问到应将什么经历作为领导失败的案例进行陈述。这门课程旨在帮助学生的职业发展,然而主要通过暗示,当然最恰当的案例来自自身职业经历,不过本课程也许对私人生活也同样有帮助。

与未来的教师一样,学生也许想知道思考方面的失败能否为解决问题提供疗法,这种方法是否适合一门领导学课程。疗法与案例分析是有区别的,虽然两者不相互排斥,但疗法的重点在个人,而(案例)分析工作的重心却是研究人们深陷其中的那个体系。海费茨用竖琴琴弦比喻个性的种种特点。在努力实践做领导者的过程中,这些个性之弦被社会体系内的各种力量所拨动,奏出美妙的音符。他说:"自己'调弦'或许起

第四章

一定的作用,也值得反思,但并非决定一切,它不过是稍大体系或更大互动模式中的一部分。"

扫视第一份问卷上的问题后,有些学生兴趣顿生,有些却殊为不安。一个学生问:"您能解释一下'小组讨论隐藏的主要问题'是什么意思吗?"海费茨说:"那就用上周一的课堂情况为例做个说明吧。那节课隐藏的问题似乎是大家想知道'谁会进教室上课',而我想要大家考虑的是,在只拥有正式权威的情况下如何获得非正式权威。显而易见,这份问卷的难度旨在使每个人在小组讨论中既能置身舞池,又能步入阳台。你需要在短时间内多次往返于两者之间,这样,既需了解案例的具体内容,又需了解整个群体的工作,因为后者控制并决定着前者。"

谈到这门课程要花费的时间时,果不其然,有人质疑这门课的阅读量及将所有阅读书目通读一遍的必要性。海费茨用毫无讽刺的口吻答:"只有读过这些书后,这门课才会对你有价值。"[4]

接着,海费茨提醒学生参加小组讨论的重要性。他说:"在准备自己的失败案例时,往往会难以入眠,所以你们一定得来。"他呼吁学生坚持不懈地参与并全身心地投入讨论,讨论也为适应性领导学的形成及实践提供了强有力的考验。[5]

但是,这种方法不会创造一个万无一失的环境。这门课本身只是真实世界的一部分,所以难免有人会受到伤害。正如海费茨所说:"你们若想互相伤害,我也无法保护你们。但是,万一受到伤害,你会有很多机会治疗创伤。如果你自愿做替罪羊,我们不会保护你,但会帮你进行事后反省。我们不会干涉你的工作。上这门课是有诸多风险的,如同领导学实践存在风险一样。"

由于对参与小组讨论的种种危险有了较清醒的认识,一个学生问:"可以信任您吗?您会介入吗?"海费茨引而不发:"如果你期望我成为唯一一个介入(保护你)的人,那么你学到的只有依赖。"

学生们常想换组,除非理由充足,教师通常不予同意,因为案例教学法预设的一个挑战就是学会如何充分利用组里的人,不管你是否喜欢。这与大多数领导学的实践情景类似。的确,恰恰正是这一点能使大家学到很多东西,因为从多方视角综观领导学的实践能大大开阔眼界。例如,一位43岁的国家安全委员会委员告诉我们:

> 记得第一次小组讨论会上,大家自我介绍时,我环顾着在座所有人,心里嘀咕开了:"噢,天哪,这个女人在剧院工作,怎么可能知道军队里的领导问题?"我挑了军队作案例,因为我只了解军队。但是(当我陈述完后),离开桌子的那个刹那,我可以毫不讳言地说每个人对我说的话都很重要。我想:"天哪,这好像有点超出了我的想象。"

一位印度男生陈述的是自己担任银行总经理期间未能避免一场罢工事件的案例。开始时,他也同样因小组存在不同的价值观而将信将疑:

> 开始,我担心组里的美国学生理解不了事情的来龙去脉,体会不了其中的微妙之处,所以讨论时只会泛泛而谈。没想到的是,他们完全理解案例中各个领导者的地位,提出了非常宝贵的意见。组里有一位工会组织者,他的领悟力十分透彻,见解独到,使我看到自己不曾看到的内容。

他补充说自己从不将性别和种族特点归为一种分析方法,而是惯用他自称的"结构式观点"分析问题,但当他因此遭到全组的"猛烈抨击"时,才开始意识到也许所学的那些分析方法,都是结构的一部分。多种多样的观点可以丰富人们考察参与过程的视角,能以新的诠释模式和潜在的领导行为来纠正一些思维习惯。

换言之,小组讨论为适应性领导学所要求的反思实践提供了适宜的

第四章

空间,即游走于不适与好奇、熟悉与未知的边缘。

新视角的盲点

盲点是人们无意识的行为(及其结果)的独特方式。领导失败的实际案例揭露并且有助于你适应这些默认环境,去打开洞察、抉择的新视野,帮助你采取更有效的行动。[6]

白马上的骑士——孤独的行者

一位年近40就职于FBI的学生,早先从这门课程获得过一些知识,对小组成员能否为其领导失败的经历再提供什么新鲜见解深表怀疑。令他惊讶的是,他在学期中途陈述自己的案例时,一位女生,同时也是一位新闻记者"很像火花塞……开始打开火花塞,其他人很快参加进来,并施以援手"。

此次小组讨论揭示了这位学生未假思索却一再采用的一种特定行为,一个默认状态:骑士身跨白马,除暴安良。案例的主要内容是,他获悉另一部门两位女士受到经理的粗暴对待,决定为她们出头。"为使两位员工不受牵连",他独自一人承担起这一挑战。明知这场战斗会输,但在他看来,就算失败,大不了也是两位员工被辞退。现在他想,如果当初放弃白马,与她们并肩作战,两位员工中更有实力和能力的那位便不会被辞退,"如果她也参与进来,或许能保住饭碗"。

有趣的是,这位学生尽管已在小组陈述了自己的案例,并已理解了自己白马骑士的行为模式,但在后来上课过程中,仍一再重复这个模式(他的默认定位)。上大课时,当年轻学员(一个派系)受到在职学员(另一派)的谴责时,他再次挺身而出。要他意识到自己一再重复某个行为(包括无法达到预期效果)是很难的,他自己也认识到,要想改变长久以来甚至会持续一生的习惯模式有多难。在接下来的课程中,当某个类似情形出现时,他告诉我们,他在努力保持缄默,以避免又一次的失败。这一结果需要三个环节:两个环节用来观察模式,第三个环节是在自己想作出何反应之前,进行有意识的选择。

骑士觅伙伴

这种培养领导学艺术的方法反复强调,单枪匹马闯入复杂体系有失偏颇。在自己的派系中寻找伙伴,在派系之间建立同盟,在局外人中另觅知音……都是适应性领导学艺术中必不可少的内容。

消除白马骑士烦恼的最好方法是学会寻求志同道合之人,并予以充分利用。小组里对他帮助最大的那位女生,显然与他观点大相径庭。用他的话说:"她是新闻记者;我是间谍。我思想保守;她观点开明。事实上,她这个人热情洋溢。"那学期,她成了他选择案例时的好搭档,也成了他家人的好朋友,因此,他开始认识到正是他们之间的差异使她能帮助自己发现盲点。课程结束后,他积极筹划重回原岗位后如何寻找伙伴,并更有效地与伙伴合作。从默认环境层面上讲,改变行为需要全新的见解及不间断的实践、实践、再实践。

避雷针

注意到前面的例子在一个学习环境中有不止一个背景可进行实践(即大群体和小群体),这对学会认识和转换一再重复又一再失败的行为模式很有用,同样也适用于以下例子。

一位30出头的在大学工作的牧师陈述了自己的经历。他说他觉得自己很不公平地被当做人们抵抗、愤怒和困窘的避雷针。做"避雷针"相当危险,通常避雷效果也不太好,因为这与对他人责任感(即把工作交还给群体)的培养恰恰相反。他的故事源于他在校内解决一次经济公

第四章

正问题，其结果是他被人暗中排挤出领导层，也就是说，他被"杀掉"了。

然而，当他在小组陈述这一案例时，得到的几乎是同样的反应，发现自己再次成为强烈情感、干扰群体讨论以及公正问题的避雷针。他毫无畏惧地自愿向大班陈述自己的案例，可令他大为不解的是，他又一次激起愤怒、懊恼、谴责，于是他这才渐渐意识到自己的行为在三种体系中（即学校、小群体、大群体）引起的都是同样的回应，这使他不得不思考，最后终于明白：在进行相当自以为是的分析时，自己的所作所为就是盲点，最终会挫败他最美好的目的和愿望。那天下课后，我正准备离校时，见他独自一人坐在长凳上，似在仰望长空，也许在自省吧。

区别角色和自我

成为避雷针是实践领导学的一个危险信号，而混淆自我和角色则是另一种危险信号。能够区分自我与角色是形成批判系统性视角所需的一项才能，可对发生的一切进行清醒分析。要知道发生在你身上的事并非针对你，这一点特别重要。通常情况下，不仅仅是你所代表的问题，也不仅仅是你在某出戏中扮演的角色。角色是在我们赖以生存的社会体系中形成的，绝不会与人性的各方面搭配得天衣无缝，正如海费茨所言："混淆角色与自我是个陷阱。"即使你可能把激情、价值、技巧等全部投入所扮演的角色，周围的人对你作出的反应，主要不是针对你这个人，而是针对你在他们生活中所起的作用。即使有时他们对你的反应非常有针对性，你也需要将其解读成那是对你满足他们期望的程度所作出的反应。事实上，了解这一点对你思想的稳定及平和至关重要，这样你可以坦然解释、分析人们对你的批评，而非深埋心底。[7]

例如，某市一预算部门负责人知道重新起草预算会招来很多麻烦。当她受到言辞攻击时，她就设想自己并不在其位，而是看着自己的这个"座位"如何成为众矢之的，有时又是如何受到极端无礼的指责和谩骂的。以这种方式区别角色和自我,她就能做到既沉着冷静,又受人敬重。同样,她也对自身价值负起了责任,使其不受威胁。她清楚,自己是体系中的一部分,在这个体系中她担任一个特殊角色。为不使系统事件成为个人问题,她在复杂的政治、情感过程中尽量做到镇定自若。[8]

发掘小组中的种种角色

在小组中,教师鼓励学生留心自己担任及未担任的角色,留心自己可能代表的问题,留心个人调整或默认环境如何影响自己倾向于扮演的角色,例如第一份问卷提出这样一个问题:你在小组中体现出的能力与在大群体体现的能力有差异吗?

一位曾在某州政府任州长总管的 34 岁女生,过去总感觉有必要向人们证实自己的能力。她发现自己小组的成员都认为她不仅能力强,还令人敬畏。反思自己整门课程的参与情况后,她意识到自己有两种截然相反的参与风格。在大课上,她过于沉默(有所畏缩),但在小组里却被认为略有进攻性。两种不同背景下的实践表明,这位女生参与的双重默认环境降低了她行为的有效性,这点并非没有补救的可能。

在这个及其他案例中,大群体和小群体之间的相互穿插例证了几个画室加实验室模式是如何创造单一的学习环境的。在各种相互作用的组合里,画室加实验室提供了一系列可供参考的经验,学生可以从中发现自己在社会体系里的多重角色。例如,第二份问卷问:

(小)群体是如何利用你的?你有没有被善用?

群体是如何利用主席(指定权威)的?

群体将非正式权威授予了谁?为什么?

努力回答这类问题就是一种实践,能使学生更留意自己及他人目前担任的角色。第三份问卷深化了这一调查,开头如下:

第四章

　　到目前为止,小组每个成员可能都扮演了某一特定角色。从那些角色来看,你所在小组的每个成员分别代表哪种观点?

　　一位留学生是这样着手条分缕析的:

　　费南多:一位科学的调解员。听到我们意见相冲突时,他往往会考证各种可能性,然后说"可能……",同时构建第三种观点框架作为妥协,以此提出自己的观点。

　　爱米利奥:相信我们自己的内在知识,用简短的、引而不发的问题……激励我们要更加开放,以观察隐藏的问题。

　　雷切尔:了解并善用沉默的价值……她站在我们的外围,提醒大家不要扯得太远。因为她所处地点十分安全,所以常会脱口而出……讨论时出现了一些难以解决的矛盾,及令人震惊的事件。

　　卡尔:他来学习如何理解剥夺特许经营权的问题,似乎正在试验一些显而易见的事情。

　　丽兹:大大改变了自己的生活。她本来可以成为一位慈祥的母亲,却拒绝付出热情,总是冷脸示人,不时来点叛逆行为。她知道受爱人伤害的恐惧,所以一旦大家关系过于密切,她就从中捣蛋。

　　梅格:温柔却独断专行。她在寻找适合自己的权威……她常以局外人的身份将大家的工作安排得井井有条……我感觉这种保护还是受欢迎的……

　　布丽奇特:希望大家看到具体案例与广袤世界之间的关系。

　　这种结构性反思有助于学生识别整个体系内变幻不定的角色,揭示不同角色之间的紧张关系和冲突。学生们有机会互相检测自己对彼此的认识,因为每一学期都有一个小组专门进行这种对话。

从分析到介入

随着学生能够越来越熟练地解读社会体系中的种种模式,他们无论在大群体还是小群体都开始着手有意识地尝试介入一个复杂的体系。在所有问卷中,教师都鼓励学生观察自己及他人介入复杂体系的努力效果,并从中学习,看看这种介入是否有助于推动群体适应性工作的开展。"找出这次讨论中最有成效的介入活动,看其原因何在?"以及"有没有那一刻你觉得有话要说,但想想还是没说出口?"诸如这类问题要求学生进一步反思、分析、试验和实践。一位27岁的女生告诉我们:

> 上过几次课后,我想:"我什么也没学——课堂上学的什么以前并不知道。"后来,他们改动了问卷,提出了一个更具策略性的问题:"你打算提什么建议?"这种问题非常管用,因为我会退一步,然后说也许略有所闻,但如何在一个群体环境下加以运用?提建议比分析问题难度大多啦。你分析,这很好,但你接下来要给出解决方法,这就难多了。

逃避工作的行为

正如前面所言,掌握适应性领导学很难,因为整个体系一直努力维持现有的平衡(即使可能已不发挥作用),而非经受不平衡的苦恼,当然有时需要不平衡来制造更充分的平衡。小组这块弹丸之地不能免于逃避工作的行为,有时虽然大家看似在参与讨论,实际上却在逃避,如毫无结果的冲突或代行争论。一位往届生回忆道:"这门课在某种程度上吞没了我,它不单是一次智力活动,它触及到整个人,使人发自肺腑地进行情感参与,在此过程中我发现自己正在进行激烈辩论。然后我会退一步,因而看到了别的现象。"提到小组成员的关系时,他说:"和我辩论的

第四章

人不是白痴,我情愿他是。他聪明,睿智,有能力,但我发现我们是借争论来逃避真正应该做的事情。我得弄清事情的原委。"

因此,恰如海费茨所述:"领导学实践中的一个关键问题是,如何识别并抵制预料中的逃避行为?如何不顾人们的抵制帮助他们学习?"早先提出的一个问题是:

群体采用逃避手段来维持体系的内部平衡吗?案例中有没有人这样做,如果有,用的是哪些手段?这些手段有相似之处吗?

第三份问卷深化了这个方面的问题,敦促大家注意更复杂的模式:

有时,逃避手段比其逃避的问题更易识别。逃避手段的时间和性质往往会暗示着某个隐藏的问题。群体逃避时讨论的是什么问题?采用了什么逃避手段?有没有人将群体注意力重新转移到问题上来?

逃避行为消耗的成本巨大,而接受这一成本可能要花很长时间。例如某位记者在回忆一年前参与的小组讨论时写道:

我花了几个月时间才认识到小组的意义。从许多方面来看,我的小组讨论并不成功,为此,我一直懊恼到学期末。不知大家是不是都这样,但是班里许多小组成员的关系好像十分密切。小组讨论之后,他们脸上带着温暖的微笑,不时发出爽朗的笑声,很多人在课程结束以后仍然保持交往。

我所在的小组有些瘫痪,其中一位成员总是嘟着个嘴,整个学期她除了说大家在浪费时间这种想法很愚蠢外,就再没说过什么。她和其他组的一些成员走得很近,有时别人说话时他们会窃窃私语或互传纸条。组里其他人,包括我本人都力劝这位固执的同学详细谈谈她灰心丧气的原因,或告诉我们要怎做才好，但这一切努力都只是徒劳。

组里没人能解决这种因社交友谊造成的尴尬（隐藏的问题）。借用海费茨的话，我们是在"逃避工作"。

然而，到学期末时我才终于意识到我们组发生的一切从许多方面来讲比那些相处融洽的群体更现实。毕竟，几乎每份工作都有着纷杂的派系和社会关系，会影响个人从事适应性工作的能力。每份工作都至少会碰上一位顽固的员工，要使其参与工作，必须说服，忍让，甚至威胁。

很遗憾，直到学期末，我才理解我们小组与一个工作环境之间的关系。不管怎样，意识到在小组工作受挫的过程中应当承担的责任，对我来说还是相当有帮助的。幸好当时我没有提出这个问题让小组讨论，那样会使大家都很尴尬，也会使关系更紧张。我只是向妻子抱怨，并在每周上交的问卷中向助教倾诉。海费茨提出的"步入阳台"观察自己如何与他人互动的观点，虽然不是什么宏论，却相当管用。

反思——一项规则

总之，小组和问卷这两种方法引导学生进入重要的领域去探索，要求他们将感情、猜想和认知与自己亲身经历的具体事实相联系。如果他们发现证据不足，或能以更多正确的方式解读，就会面临重新认识现实的需要，以便观察真正发生的一切，也会满足更有效的回应需要。这种实践活动，制造出了一个新的分析、诠释和行动框架。为此，有人作出如下总结：

我一直大为震惊。坐下填第一份问卷时，我想："这些问题够傻的。每周都得这样吗？"我自以为早就明白了这些问题。

第四章

然而一旦动笔,我便意识到需要进行更深层次的分析……我想我的阅读理解力没问题,但是问卷使我以一种前所未有的方式看待问题。

另一位学生也说:

说实在的,小组讨论比大课上学到的东西多得多,因为问卷迫使……我花了大量时间填写问卷。我真是全身心地投入,真的沉浸其中。那些问题很有创意。第一个问题对我来说尤其难回答……但一旦答到第三份问卷时,你便能一扫而过。

还有一位学生这样反思:

小组讨论促人反省,我认为这对每个人都有好处。因为忙碌的人们,如学生、专业人员并无多少时间(至少我从来没有时间)坐下来好好反思……但每周一份问卷敦促你停下脚步,思考发生的一切,考虑如何使那些问题在领导过程中发挥作用。回答了开头几个问题后,我有了感觉。我愿意每天早起,大约三四点钟,那时万籁俱寂,似乎整个夜都属于你,你尽可以思考。我觉得这样的思考是件自得其乐的事情。

并非所有学生都对问卷抱有同样的热忱,所以需要助教在维持规则的过程中发挥关键作用。某位学生坦承道:"说实话,有时候我根本不看问卷。我会胡编乱造,因为我没有心情坐下来好好分析。分析也是自己乱编的。我的确很困惑。助教在我的问卷上写:'你这个星期怎么啦?'你看,助教在问卷上花了很多时间,所以他们作出的回应真的既及时又重要。"

对学习大有好处的方法

这个传授、学习领导学的方法旨在减少领导者受诱惑、被颠覆、"被暗杀"或是被自己的幼稚或自大行为所击败的概率，而那些不良后果都是无知、盲点、分析不足、技能缺乏导致的。有趣的是，小组讨论时经常会拒绝采用课程提供的框架，直到因凭直觉行事而惨遭失败，直到令自己见解深刻的努力及克服根深蒂固观念的努力惨遭失败时，他们才意识到课程框架的有效。重复熟悉事物、抵制教师权威和领导力的倾向（通常很微妙）本身对学习大有好处，但是随着人们一再得到理论框架，发现框架对个人经历大有帮助时，理论框架便开始成形，从而有助于新的领导能力的培养。

公开学习失败的教训

必须强调的是，对自己失败的领导经历进行反思正是领导力形成过程中一项重要的基本特色。此外，有证据显示，在半公开的职业环境下陈述自己的失败经历能带来更多自信和自由。这项发现是这样的：如果在这些同学眼中我经历了失败的考验，那么我便能获得更多的行动自由，再也不会因刻意避免失败而分心，因为失败是领导者不可避免的。有人这么说：

> 在公开场合讨论失败（即自己的失败）及其造成的损失很难，也发人深省。失败一直使人内心痛苦，但公开说出来则是另一码事了。失败也曾帮我破解领导者完美无缺的神话。在这门课程中，第一个公开行为不是展现自己的优点，而是谈自己的困扰。在此方面，我受益匪浅，学到很多以前毫不了解的东西……我最不想听到的信息，结果却是我所得到的最有用

第四章

信息。

在第一本书《领导一点儿也不轻松》(*Leadership Without Easy Answers*)的结尾部分，海费茨写道："做领导者……要有一个学习策略。领导者需要鼓动他人面对挑战，调整价值观，转变视角，培养新的行为举止……我们这个社会的适应性要求领导者主动承担责任，而不是等到被揭露或被要求时才有所作为。也许，单就一个问题也能进行领导。"[9]小组讨论及其处理问题的过程提炼了一种传授与学习领导学的方法，这个方法与适应性领导学的要求相一致。海费茨与其同事以问题及问卷形式，引领学生自己解决问题，要求他们直面自己失败的领导经历，从中汲取经验，调整自己的观点和价值观，培养新的行为习惯，即教与学的实际运用，让教师和学生领略未曾设想的情景。

很快，学生们发现行走在这样一种旅途上需要一定的勇气，而勇气集中体现在个人品质上，即存在能力上。这一能力的发展是下一章讨论的焦点。

第五章　倾听弦外之音
——临场实践

我们大多有被人"镇住"的经历，那人或许有惊人之辩才，或许为某政界领军人物，或许是音乐演奏家，也可能是位优秀的教师，但无一不赋予人们内在力量，能在公众面前展现泰然自若的大将风度，传递出一种只可意会不可言传的亲和力——即"临场"能力。

人们在把自己想象成领导者时，常误以为领导者所需的个人品质，如维护自身形象、务实求真的能力与生俱来，或为顺应某种文化特征而来，但事实上却发现，在某复杂领域内大刀阔斧、适应性强的领导活动无一不要求领导者具备一种自觉转移能力。在领导者适应性能力训练中，真正重要的是有效参与的能力，即凝聚群体力量的临场技巧。换言之，即使该人站在聚光灯下，也能想象自己仅处在一个动态网络中，处于能引起他人共鸣、回应的中心，处于能量源头及紧急事务处理中心，而非把自己单纯设想成因具某种天赋而理所当然应处于权力顶峰、掌管一切的大人物。

这种神奇的临场素质可影响人的一系列能力，如吸引他人眼球的能力，让人产生信赖感的能力，激励、鼓舞他人显露才华的能力，在复杂系统内进行有效干预且带来创造性变化的能力……[1]一个人临场表现的深

第五章

度与强度益于其各种能力的提高,尤其是解读群体工作状态的非言语线索能力的提高,这种能力可助他通过各种途径发挥自身能量,激发他人在一定范围内的工作热情,进而促使其迎接变化,跳出焦虑状态。

欲做到顶住矛盾、喧哗,从容应变,关键要培养一种内心意识,一种自我在团体中所处位置的内心意识,该意识在内外交困时尤为必要。所以,作为领导者,要具有认识并有效控制强烈情感的能力,这种情感既包括自身情感又涉及他人情感(如个人、团体中的小派系乃至整个团体);作为领导者,要清楚自己与群体的关系,善于悉心观察、聆听、感受,有较强的自控及控制群体情感的能力,总之,此方面的能力可使当事人对环境与自我中心感很好结合起来,准确定位。临场训练内容就是训练临场即时创造所需的整体意识,即在已知现实和未来可能性之间取得一种平衡,而所谓"临场",即指个人内心世界和外部行动世界的交汇点。

卓越的指导技巧

临场素质是适应性领导学艺术实践的重要内容,包括中心感、敏感度、参与度、参与水平、参与意识……需明确的是,该素质仅靠某些小册子提供的技巧绝难培养出来。在一个相互依存的社会体系里,这些素质的培养源于智慧愈久弥丰的意识、谦卑与勇气的紧密结合。不过,这种看似难以捉摸的素质可教、可学吗?还是这些素质本身就是某些人天生固有的呢?

视领导力为一种活动,而非天赋使然,亦非后天努力的结果,并不意味着有无天赋或有无其他与生俱来的素质与做领导者毫无干系。以音乐为例(海费茨常以音乐为例),某人也许具备拉小提琴的天赋,但这种天赋有可能被拙劣的指导方式所扼杀,所以说,是卓越的指导和教育唤起了潜伏的天赋;相反,某人并不具备音乐天赋,但教导有方可促使其成长为杰出的音乐家。同样,在领导者的成长过程中,天赋及后天努力所赋予的个人素质也能将平凡之人造就成经天纬地之才,担当领导者之责,因为教育和指导能强化这些天赋和后天努力,同时能顺带培养出其他方面的能力。借助天赋和后天培养的能力,领导者将具备更加出色的本事,具体表现为临场素质,即通过有效协调、明确的自我表达,以提高并激发人们接受巨大挑战、奋勇进取的能力。

以上观点可修正这样一些错误认识,即要么领导别人,要么天生有才,否则只好待有领导才华的人来领导自己。其实,正确的说法应该是:通过学习和实践领导艺术,不同才干和天赋的人都能在一定社会体系中担当领头人物。

海费茨教授及其同事启动了开发人类潜能的研究,这项潜能可从以下几个方面被描述成临场素质。首先是注意力的提高。注意力是天生权威思想深层转换(这在第三章已有描述)的部分意识,是一种依靠会意模式获得的系统批判性思想,而这种相互制约的会意模式能使一个人看待事物时考虑更周全,从而扩大一个人开发其临场素质的能力。这种开发式转换不仅使要求区分自我与角色,还会使人蓦然发现自己成了左右团体活动的晴雨表(见第三章)。凡此种种能力,都助益某人在群体中更有效地展开领导工作。海费茨教授及其同事让学生进入临场模拟状态所取得的启发性意义,使得这一过程更加清楚明晰。

与其他教学方法一样,这种临场能力仅靠讲解是掌握不透的,需要通过现场指导,使人明白自己最需要清楚的是什么,至少临场能力教学指导如此。此现场指导过程,既可在较大组织中进行,也可在较小团体内开设。此处描述的课程主要设在晚间三节歌咏课上,且每节课均为大班化教学。与第二章一样,让我们亲临教室去看个究竟吧。

第五章

倾听言外之意

  时值 11 月中旬,还有一个星期就是感恩节长假,课程也即将进入收尾阶段。按计划,一月份学生完成期末论文,教师批阅,评分,将卷子返还学生,课程结束。夜幕已垂,细雨淅淅沥沥,带来阵阵深秋的寒意。晚上 6 点钟前,学生们陆续走入大教室,或收伞,或摆放雨披,或从背包里取出三明治,一时间,教室热闹起来。3 个半小时以前他们才刚刚离开这间教室,所以能听到有人在抱怨接下来的 3 个多小时似乎过于漫长。

  课前,学生们已被要求准备一首诗或一篇散文到课堂朗读,这首诗或散文不一定由本人亲自撰写,但一定要自认为有意义。此外,由于学生来自 30 多个国家,所以鼓励学生用各自的母语朗读,但同时须译成英文。

  与助教、学生作简短交流后,海费茨教授站到讲台前,环视一遍课堂,准备上课。此刻,教室鸦雀无声,温暖中飘浮着一丝丝疑虑。"今天将连续上 3 节课,"海费茨教授宣布,"主要训练倾听。"

  "可是首先,谈谈沉默。沉默分多种形式,如在场沉默、缺席沉默。现在请想象,想象自己离开了座位,走出了教室——",停顿了好一会儿,海费茨教授又道,"这会儿你又回到教室,回到此时此刻。"又一次停顿,"再离开,"停顿,"再回来。"到场—缺席与缺席—到场之间的对比出人意外之明显,学生们首次感受到在场的力量,及其作为观众的力量。

  接着,海费茨教授说:"今晚课程开展到这儿,似乎该找人到前面来表演了。现在你的任务是聆听,并自问听到了些什么。"(在这一环节,海费茨教授要做的,主要是帮助学生学会认识群体与领导者之间的动态依存关系。这一时刻,站在前台的人有权"说话"。)

  "那么,"海费茨教授继续道,"谁自告奋勇上台来?"约 100 名学生中仅两人举手。接下来,一片迟疑的沉默中,有学生问:"我们该做什么?"

海费茨教授答:"通过听,训练倾听弦外之音的能力。"

"自愿上台来的人将站在教室前朗读自己准备的诗歌或散文,然后编唱一首歌。"一听到唱歌,教室发出一阵不安的笑声。"不用唱出歌词!"海费茨教授试图把这种不安情绪降至最低,"因为领导者即将登台即兴表演。"

又过了好一会儿,又有一名学生表示愿意上台表演。

海费茨教授对第一个自愿者点头道:"你第一个报名,现在可以上台了吗?"学生点头。

当学生站到教室前面,海费茨教授走近他,对他同时也对全体学生说:"至于如何控制局面,有两点要清楚:一是学习如何控制观众的渴望、热情及对交流的恐惧;二是要学会控制自己的恐惧。为此,切记以下三招:

"第一招,吸引观众,让他们与你步调一致。若无人愿听,说什么都不管用。"

"第二招,你说的每一个字都要有意义,带给观众的每一个音符都像一首歌,有着悠久的历史,有着独特的含义。"[2]

"第三招,允许沉默。让一切从沉默中开始,在沉默中结束。"

海费茨教授面向正欲朗读的学生,叫他把麦克风拿近点,听该学生拒绝使用麦克风,海费茨教授劝:"麦克风能让你的声音更清楚。"

学生贴近麦克风,眼睛却盯着课桌而非台下的同学。海费茨教授提醒:"稳住大家的情绪,现在气氛有点紧张。"

"我也紧张。"学生答。

"那就做个榜样,放松!"海费茨教授说,"这样也能减轻听众的紧张情绪。克制恐惧,开始讲话,别慌!让他们听见你说的话!别对着桌子朗读,稳住!"

顿了会儿,这位30岁出头的年轻人开始朗读:"我叫[姓名],在此宣

第五章

誓维护美利坚合众国的一切法律……"他是军官,所以选择朗读军官就职誓言,尽管此时身着便服,但誓言宣读一结束,便潇洒地举起右手行了个军礼。

少顷,他望了望海费茨教授。海费茨教授简短、有礼地评价道:"要知道,对班上大多数同学而言,上台发言难免紧张。如果要打扰他们,须做得不留痕迹,否则不会被他们接受。"海费茨教授再次靠近该生,边举手示意全班同学看着这个学生,边建议:"对他们说话!稳住你要挑战的对象。"(班级再次充当舞台,给这位年轻军官以反复实践的机会。)

该学生再次朗读誓言,再次敬礼。这次,他与观众有了更多的目光交流和其他联系,似乎有力量了。

接着,海费茨教授悄悄吩咐他:"现编一首歌,把誓言编成歌曲。如果发现自己唱的曲调是大家熟悉的,那么只需哼调,不唱歌词。别打退堂鼓,想停的时候千万别停,稳住,坚持到最后。"然后,他指着另一位学生,说:"对着洛伊唱英雄赞歌,让洛伊把歌曲唱下去。你得控制每个人,洛伊也会控制你。"

长长的停顿,没有歌词的哼唱,仅有单音"啊——",学生们开始跟唱起来。歌声迟疑无力,但毕竟在唱。在熟悉和未知的边缘,这位学生利用自己的创造力在即兴表演的道路上迈开了一小步。

他一唱完,学生们立即鼓掌,一半出于敬佩,一半为了缓解紧张气氛。海费茨教授举手示意学生停止鼓掌保持安静,同时建议学生寻找其他途径表达自己的情感,请学生们以完全的临场意识来感受此刻。

接着,海费茨教授请学生对自己刚才的所见、所听、所思、所感进行评价,结果发言大都涉及挑战、即兴表演、控制一个群体的经历及电流穿越全身的感觉。后来,有学生谈到稳住局面,坚定地站在台上,切不要有逃跑念头等等方面的意见。最初的评价本质上极为宽容,后来开始有人承认很难让他们接受誓词的语言,倒是那位学生的歌唱更易让他与同学们打成一片,融为一体。"让人听誓词,听体现至今依然被某些人珍视的古老忠贞情感并不容易。"海费茨教授评价道,"对某些人而言,有关投入战斗打击敌人保卫家园的宣传很乏味,那么你能以歌唱形式进行更有效的宣传吗?你得知道别人愿意聆听的东西。此刻每个人都亲身感受一切,没有矛盾,也没有创造的空间。"(这里,创造是关键词。在适应性领导学培训中,必须综合考虑冲突各方的看法,及派系间的分歧,以创造一种有效的和谐。)

一个学生这样点评:"教室里的每张面孔都充满了这样或那样的情感。"随着此类点评越来越多,群体渐渐学会了以另外一种方式对社会体系中正在发生的事情予以密切关注。

现在,海费茨教授又邀请另一志愿者上台表演。这次是位女生。她走到教室前面,只朗读了一遍作品就开始唱歌了。后来,一个学生评说道:"只听她朗读了一次嘛!怎么和前一个同学不一样了呢?"海费茨教授答:"有时你没机会倾听第二遍。"(他再次让满心期待的人感到失望,但与此同时也唤醒了学生的现实意识。)

另一学生注意到,一旦有人对"表演"发表否定看法,其他人在评价时就很容易变得挑剔,这恰好反映了评价者描摹某种特别印象的能力。该学生还发现,富有表演技巧的观众不大可能表达自己的真情实感,这在临场训练中是悖论般的挑战:你既要善于甚至精于评价,但同时又得把真实、自然的自我表达出来。

晚间课程以这种模式进行着,令多数人惊讶的是,时间好像过得极快。接下来的两节歌咏课上课模式是大家熟悉的,当然也掺杂了些变化和新内容。这3节歌咏课与正常的3节大课一样,内容依次是"聆听"、"激励"、"配对表演"。在第3节"配对表演"课上,班上每个学生都还要与邻座的同学组成搭档。这项工作完成后,他们依然坐回座位上去,但要进行对话或二重唱。仅是哼唱,没有歌词,这给学生提供了另一种相

第五章

互合作的机会,锻炼了学生协调矛盾、冲突的能力,引导他们反复思考如何充当不同角色、如何掌握即兴表演技巧、如何提高创造力等等方面的问题。

歌咏课达到了什么效果?

歌咏课给每个学生临场能力训练机会,让学生掌握各种技巧,应付千变万化的环境。因不适应这种学习模式而不得其中要领的学生为数极少,大多数学生因此学习模式深化了自己对适应性领导学广度和深度的认识,继而将之作为自己培养创造性的工具和手段。现在,学生们开始有意识地考虑如何有效吸引群体注意力,如何消除群体紧张和焦虑情绪,如何作出更有力量、更有意义的发言,这些训练内容适宜个人能力较差的学生,也常用于领导者的培训活动中。现在,学生们有所开窍,开始探究打动他人的方式,重新发现情感、非言语及言语交流在表达深层次情感方面的威力,逐渐意识到行为领域不只包括群体中每一个体的内心世界,还包括试图成为领导者的那个人的内心世界。

一个学生说:

> 课堂上,我们既唱歌,又读诗,课堂内容真的非常精彩,非常吸引人!我找到了自己也许从未意识到抑或从未善用过的那部分自我。我的意思是,这种教学方法能使人全面、整体地看待问题。至于说话的语调、看人的眼神及如何探明对方情绪(无论对方静若处之还是显得烦躁不安)等细节,还有很多有待考究。要知道,人得通过与他人深入接触而非思考来确定其情绪状态。

另一学生显然对这种教学方式能给自己这么一个空间,以进行卓有成效的训练心存感激:

我认为这种训练具有令人难以置信的价值。不错,我们每个人都抱有诸多幻想,但是否真的有人在考虑如何成长,如何激励、感动公众?是否恰好有人正在努力实现这些想法?我觉得,从训练宗旨、操作技巧等方面看,这门课真的价值不菲,真的很棒!

领导学关键的训练理念是可见、可行、可赞的。这里发生的事情是另一环境,即画室加实验室中产生的结果。在这个环境中,正如学生所言,鼓励"摸着石头过河",至少能学到某些部分的"神授"领导能力吧。

挖掘自己情感世界的力量

歌咏课帮助学生在领导学艺术的实践中发现了情感的力量和作用。第四章遇到的那位FBI官员是这样描述自己的学习经历的:

晚上的歌咏课照样是老一套!上课前,我再次对自己说:"好吧!我得绑上安全带把自己固定在座位上,否则会撑不下去的!"因为我当时在想:"这真是低级趣味!"后来,听到一个同学朗读诗歌、散文时,我惊呼起来(事实就是如此):"我知道海费茨要干什么啦!他要把学生的基本情感融入到领导模式中去。"这一方法真是匪夷所思!歌唱就是我可使用的工具吗?或许不是。那么,我现在是否具有了较强的自我意识?是的,我知道我有了这种意识。因此,每当谈论自己的愿望及抱负时,我清楚自己的话全部基于我的自我意识。不过,我得承认,解剖自我能让我换一种思维方式进行思考。我现在在想,是你的行为指示你,有了这个行为指示意味着你得到了一个启动按钮,意味着你对某事充满热情,可你凭什么可以做到这些?为什么这样一个按钮是给你的?从此,你会对很多事情都有更为

第五章

强烈的感受。

他已意识到深层情感糅合到领导学实践的方式,意识到如果不关注或检视自己的深层情感,那么这些情感便会使人陷入盲目,从而破坏事业的发展。相反,如果已经认真反省和检视自己的情感,那么其正面效应一定会体现到领导活动之中。

关注情感王国,关注难以掌控的内心世界,有助于廓清领导学实践的目的和意义。例如,一个学生谈到通过歌咏课找出自己失败原因时提到,她过去一直非常重视从理性层面处理各种事情,但有了一次失败的领导经历之后,她发现自己以前对自己的行事意图并不清楚,好在现在通过歌咏课她明白了领导者的行事意图就是要找到感动大家的途径。在她看来,领导能力培训就是要使学生认识到,把理性和感性很好地融合起来是领导学实践课程的目的之一。

寻找真实感和整体感

学生们相互观摩临场素质表现,从中学到了些什么?不难看出,他们学到的是一些特殊的实践技能,如与听众合为一体,发言要有实际意义,善于利用沉默……但是,这些技能并非作为技巧一个个孤立地提出来的,相反,须把它们综合起来才能观察到某人的内在力量。由此,学生们开始明白自己内心世界的力量、目的意识,更深入地了解自我……这些都有助于学生作为代表大众利益的领导者的临场能力的提高。他们明白了:带着真情实感和整体意识歌唱而非为了分数而唱事先排练好的歌,意味着什么。对此,一位34岁的往届生这样回忆道:

> 我确实学到了一些东西。谈话部分很有帮助,因为作为实践性教学内容,领导者要学习如何激发人们学习讲话技巧,而不仅仅是训练外在功夫。
>
> 而歌咏课训练的是内在素质。对于这部分课程,我感觉不

爽。从歌咏课上我学到的内在素质是（当然,这因人而异,此处仅是对我个人而言）在自己身上寻找和谐。如果某人能跳出唱歌行为本身,把唱歌视为象征性手段,除非你认为唱歌是你生命的一部分,否则唱歌部分的课程一无是处。但这很难,你得放松自我,弄清你是谁之类的问题。

其他人也谈到,唱歌作为一种训练手段虽然令人疑惑,但目的是让人把自我当成一个整体,一个具创造性的整体。例如,一位女士回忆她在歌咏课上的经历时说,唱歌使她迈入了自己不习惯的内心即兴表演模式:

朗读部分不难,但唱歌……课堂上我一直觉得,分析对我来说相对容易,因为我一向能够有条有理地深入分析。但作为领导者,甚至作为创造性领导者,处理情感方面的问题相对较难。我认为自己是一个非常具有创造性的人,但唱歌需要的是配乐方面的创造性。这种创造性完全没有定性,令人生畏,但也鼓舞人心,令人振奋。

在多样化中激发归属感

歌咏课的特别有效之处在于对临场能力的激发。从一个可理解的角度控制管理意识是一种能力,这种能力体现在当事人精神及其行为的内在精神方面。我们可以从精神、宗教、世俗等方面理解"激励"的含义。在适应性领导学实践过程中,激励的威力和作用不容忽视。因为要让群体投入艰难的工作并且持之以恒,领导者须在这一漫长过程中帮助他们寻找力量、干劲、献身精神。

这门课上,歌咏环节常常是产生积极意义的转折点,能让大家看到班级更多的深层情感,如同学的谦卑脆弱、新联盟的形成、同学间更亲密

第五章

的关系、更频繁的合作等。选修这门课程的许多学生对以前藏匿起来或者根本没意识到的谦卑所表现出的力量留下深刻印象。正如一个学生所评论的:"上完第一次课后,好像与班上同学的关系有了变化。""有什么变化?"我问。"我想是一种信任感和同情感……班级在逐渐成为一个整体,建立的相互信任似乎是与以往最大的不同。"[3]

同情和尊敬,在建立信任及求同存异中起着非常重要的桥梁作用。[4]假定一个班级不可避免地形成了各种派系集团,就像任何人类群体那样,学生们对所处环境会形成一定见解,而歌咏课似乎是为了大家的共同立场而培养出的一种新基础。虽然年龄较大和较小的学生都会出现一些有意思的紧张情绪,但一个42岁的女生(西班牙裔美国人)却认为自己从一个来自墨西哥的年轻女生身上学到了很多:

> 她的西班牙口音很重,朗读的是一首以食谱开头的诗歌。她对我的影响简直难以置信,因为上大课时她从来一言不发,但此刻的她非常平静地朗读着,表情那样安详,是一种什么也不放在眼中的表情,一种物我两忘的表情。听她朗读食谱,我想:"读完这玩意儿,那下面有什么可干的?"但我不敢离开。我能感觉到她在引导我们,她是那样坚定。对我来说,这就是一种领导。她是一个年轻柔弱的女性,还没成为美国人,使用的语言也是非主流语言,但她态度坚定。

我问:"对你来说,这是否意味着即使没有任何公认的权威,也能领导他人?"她回答:

> "是的,完全有可能。"我和她都持这种观点。后来,她回墨西哥度圣诞节时,为我买了一本她曾读过的书,因为她知道我会被这本书感动。令我感动的不仅仅是她说的话,而是她的投入。她为我买书的原因是因为她"能牢牢掌控我"。

"掌控"是领导学中一种比喻性的说法,阐明的是这样一种看法,即在优秀领导者工作过程中始终有一股强大力量在起作用,他能完全投身其中,并能力挽狂澜、大刀阔斧地开展工作,同时对事业的发展进步起着稳定性作用。

行为模式化

在适应性领导学艺术诸多教学方法中,站在策略高度去思考,特别能达到鼓舞作用,可作为一种行为模式。在临场学习中,要让人们能看见具体形式,如在亲身经历中感受压力、发自内心深处的感觉而非流于表面的反应、采取实际行动。因此歌咏课堂指导的重要特点是,指导者把要教的行为模式化。教室里学生情绪不安,指导教师也不例外。指导教师应当开始掌控局面,仔细聆听,全身心与学生打成一片,不说一句废话,运用沉默等手段,给学生机会目睹自己亲身经历中最需要看见的东西。通过这种方式,不仅教会了学生什么是"临场",也让他们感受到了"临场"。

更多的实践素材

这些课程的讲授内容确实唤起了同情、信任等美好情感,但一时的灵感不会掩盖一些事实,如与这个课程进行的其他试验一样,课堂发生的任何事情都可作为实践素材。在给予与获取的互动式教学中,存在冲突和争论是难免的。解决起来也比较困难,因为大家反应不一,意见多样,学期末的压力和疲劳开始从中作梗。

甚至晚上上课也可能成为学习临场方法的例子。见某几个学生惹人注目地缺席其中一节歌咏课时,海费茨教授查问原因,提醒学生歌咏课的重要性,还会问学生:"你们为什么不让今天缺席的同学认识到上课的重要性?"这是在唤醒学生再次考虑一个复杂系统中个人应尽的义务,

第五章

以及把团体当做一个整体来对待的意义。此外,这还是把工作分配给群众去做的一种方法。

像欣赏音乐般倾听适应性工作的开展

如何在大的群体环境中进行领导学艺术的教学?这些课程对此提供了非同寻常的解答方案(尤其在学院和其他专业性背景中)。那些富有创新精神、打破常规的教育者培养学生学习如何把情绪与声调、情感、听力、灵感、沉默以及领导者与群体的关系等业已形成的背景以一种展示性的方式置入意识的前景中,让他们意识到自己无论走到哪里,都可以培养不同方面的领导素质。在课堂上,学生有机会学习如何欣赏音乐般地聆听,即倾听弦外之音,将其转换成某种模式,某种主旋律,某种冲突,并认为那就是任一群体必然的特征,是逐步成形的管弦乐队的一部分,具有潜在的整体性。尽管深藏于表面之下,那些深处的暗流却为以后发生的事情提供了重要线索。

对查验尤其重要的是那些揭示系统压力的线索。像欣赏音乐般地从内心深处聆听自己,同时也聆听别人,对培训表示出一个合适领导者所需具备的智力和同情心,是一个不可绕过的中心路径。一位女生在期末论文中分析自己当领导失败的经历时,重新设想自己以前如果好好聆听那些压力下的不同声音,如恐惧、痛苦、困惑以及抵抗情绪,那么可能结果会有所不同。她写道:

> 对我而言,聆听课是所有课程中最有效的。像欣赏音乐般地倾听,正如我所理解的那样,对于听懂潜在意思和他人心声很有必要。我过去倾向于听表面意思,听表面字词。因为我发现语言字词的力量太强大,或者说因为我只能对那些表面的字词作出反应。但是,我现在学会了聆听弦外之音。如果早这

么做了，就可能听到我在努力鼓励创新中所造成的痛苦、困惑，就可能听见我的上司和总管的声音中透着压力和焦虑，而不仅仅是听见他们对我书面的汇报。此外，还能听出小集团的愤怒，听出他们面对自己的联盟和成员权利可能被剥夺的恐惧，而不是仅将之作为一种对创新改革的抵制。

现在，我认识到自身状态的调整既可让我听得轻松，也可让我听得困难。我对他人的沮丧，对权利和权威非常敏感，可花很多时间去分析仍难以听出自己与他人的感受。孩提时代，世上各种事务中很难听到女人的声音。在一个男人主导的社会中，我时常担心自己的沉默，担心自己是否与人有话可谈，担心被人视而不见，因此我学会了说，大声地说，不择时间和方式。现在，我知道我有沉默的权利，还知道我需要创造条件聆听真相。因此，我认识到我也许应该像欣赏音乐般地聆听，并允许自己有更多的沉默。

允许在不确定环境和沉默中工作

歌咏课的核心价值在于让自己在不确定环境中培养一种内敛。这种力量来源于安于沉默的力量。约翰·契特斯特（John Chittester），是一个既善于沉思又善于在公众面前说话的人，他发现："沉默是一门遗失在社会噪音中的艺术……除非我们静心聆听，否则永远不会知道事情的真相，甚至不了解我们自己。"[5] 沉默能让我们感受到自己的尴尬，甚至能让我们有所惧怕，因为沉默让我们独自、不可逃避地面对自我。沉默中充满紧张，因为沉默放大了我们内心不能解决的难题。沉默是我们生活中最伟大的教师之一，揭示了我们想做但还没做的自我，"教我们内心那个公众的自我如何说话。"[6]

第五章

当指导教师要学生等待，一直等到准备好进入沉默时，学生才开始在不确定和无数可能性中日益感到舒适。当学生认识到沉默中能够充分感受"临场"和"缺席"的感觉，沉默能够使自己的发现更有深度，沉默中能学习如何处理与他人的关系，此时，"临场"能力得到了培养。就这样，充满临场感的共享沉默创造出一种共同联系的纽带和共同希望的基础。[7]

具有创新性的人允许自己在不确定中工作。人在行动和反思、表达与聆听、一本正经和随意懒散、发出声音和保持沉默之间来回游荡是必然的，而绝不会只是其中一种状态。这些成双成对的状态分解在临场表现中，完全会创造出一种新的可能。[8]

做值得信赖的人

在未知领域工作是神圣的，倘若工作能令人相信自己的可靠性，那么就更有可能给予他人取得进步的希望，唤醒他人对自己的信赖，从而更有可能为了公众利益去接受具挑战性的复杂工作。但是，海费茨教授提醒道：有深度地开展工作，同时带动他人一起工作，需要一定的责任心，还要赢得他人的信任。海费茨教授说：

> 我希望学生们认识到，作为一个鼓动者，最紧迫的问题是在接受人们对其价值的评介过程中具备深刻而强大的力量，另外还要超越动态的爱好和静态的利害关系进行简单权衡。领导工作的另一重点是，要善于挑出重要问题，挑出深层次上可以牺牲的问题。
>
> 从另一方面而言，能激励他人的人起着举足轻重的作用。倘若教政治家或商业经理如何激励他人，却不告诉他们欲获得权力首先须获得信赖的重要性，那么他们就会疏忽甚至放任自

己激励他人的能力，就会因不择手段地实现自身价值而受伤。所谓手段，包括破产、让对手沦为替罪羊等。你也许能向人们推销一些特别的行动计划，但不知这些行动计划由于深深扎根于他们心灵深处而对他们十分有害。而事实往往是，当你真正鼓动他们时，便已具备了道德上的权威。所以，在领导实践中，无论打击还是激励他人，首先要赢得信任。

也许有人会问，当你令群体希望落空时（领袖常常会被要求做一些不可能实现的事情），怎么可能让人产生信赖感？随着时间的推移，重要性日益明显的信任训练，可进一步坚定人的价值观：人既要为自己也要为群体工作，并且要以这些价值观体现出自己的才能。

课堂上要求学生根据已有或希望具有的价值观，写一篇关于自己的抱负和志向与其他人比如何不同或是否不同的文章。抱负是我们对自己的希望，而志趣是别人希望我们怎么样，如何替他人做事。写这样的文章给我们提供了一个内心对话的机会及探索如何获得认可、财富、权力的途径。而权力是大家关心、热爱和孜孜以求的，也是人与人的区别之处。可不，完成抱负和志向方面文章的学生与批阅作业的助教就建立起了一种长久的对话。这种对话也不失为一种好的教学方法，通过这种方法，该课程开创了一个提高临场素质的机会，从而使学生产生一种自我意识：激励他人的能力要与其他领导行为同步。

晚间的歌咏课旨在建立一种值得信赖的空间，在这个空间中，临场力量步入创造性空间的必要性及由此唤起的灵感都可通过亲身经历去了解和领会。即使那些自觉悟性较好的人，也需花时间（或许是一生的时间）去实践，从而完善协调使用声音和沉默、个人冥思和当众表演的能力，或完善复杂系统内分析性聆听能力，及欣赏音乐般聆听等诸方面技巧。如何沿用这些技巧？歌咏课上学到的内容及由此教学方法中得出的观点能经受得住时间的考验吗？有关问题，留待下一章讨论。

第六章　哪种方法更持久
——语言、想象、隐喻的力量

任何课程、项目、研讨会、培训、小组讨论或一对一的教与练,开始时都有一定价值,且有望成为人们知识的一部分,可是从长远看都对人的现实思想和行为影响甚微。领导学教育旨在有效影响人在职业生涯中的实际活动,然而关键问题是,哪种方法的学习效果更持久?

由于很难在专业教育及未来实践中找到直接可信的因果关系,因此除某些逸闻之外,从事领导学教育的人很少直接宣称自己事业的价值,而是从人们对其课中、课后的评价中寻找证据。然而,对这一传授及学习领导学艺术的方法的长期效果,我们还是要在这里进行一些评价。

我曾对15位3—10年前参加此课程学习的人作过正式的访谈,除两例外,所有访谈都在他们的实际职业环境中展开。[1]为确保访谈的有效性,在初次访谈后,我还先后10次对被访者的主管或同事进行后续访谈,访谈对象均为有资格观察和评价那些学习过领导学的人的领导行为如何的最佳人选。[2]我选取的访谈对象来自不同组织,他们担当着不同角色,其中有一位负责国际市场的银行家、一位联邦政府机构的主任、一位竞选顾问、某蝉联两届市议会的议员、一位学校管理人员、一位州立法院临时发言人、一位新教牧师、一位某县城的参议、一位院外政治活动家、

第六章

一位大学教授,以及某大城市某警区的警长。其后,我又对一位县资深行政官员及一位从事国际贸易的人士进行了非正式访谈。访谈对象由我和多名教员亲自选定,尽管不是随机抽取的样本,但这些对象基本上可代表一个典型班级的人员构成情况。

有意识地重新设置默认环境

访谈结果有力证明了:几乎所有访谈对象(只一例除外)都显然受到曾经学习过的领导学课程的积极影响,[3]学会了一种重要能力,即运用批判的、系统性的观点,更加战略性地理解自身并为自己定位,表现出更强的选择敏感性及自信心,这样他们个性中少了些天然的脆弱,多了些领袖气质。当然,这并非说每个人都已熟练掌握并精确运用所学,而是指他们的分析能力和外显技能在一个或多个层面上得到了强化,能更有效地进行自我管理,并为下属提供更有效的领导。

类似规模的研究仅仅是启发式的,为以后更深层次的评价性研究奠定了基础,但这次的研究结果令人鼓舞。例如,一位36岁博士毕业后就职于联邦环境署的访谈对象告诉我们,如果没有选修这门课程,自己可能会遇到更多职业困扰,而现在,他说:

> 我的职业就是改善这个国家的环保文化,至少我的理解是这样。我已熟悉联邦环境署各个部门,包括他们的思维方式及通用语言,自然而然地我也被视为他们中的一员。在不同部门,我自学了"空气的语言"、"水的语言"、"废物的语言"。我如此精通这些语言,假如能把这些语言分别看做"空气的宗教"、"水的宗教"、"废物的宗教",我可算此类宗教研究专业的专家了。工作时,我知道为了向同伴展示终极真理,自己首先必须称颂他们"宗教"中的神,并且必须使用他们的语言,否则他们

会认为我在说鸟语,甚至把我看做外来白痴,跳梁小丑。

　　学习这门课程时,我曾在课堂上对罗恩(Ron)(对罗纳德·海费茨的昵称。——译者注)的观点提出过质疑。当时,罗恩说,1/4的学生不会注意听我发言,也不会在听不清楚时提醒我抬高嗓门,而我则以为发言时人们是在等待看好戏。其实,约95%的人置身事外,不会特别注意我们的说话内容……那次课对我影响至深,现在每次主持会议包括主持电话会议时都会想到那次课。记得罗恩常风趣地建议:"中断一下,休息一会儿,看看事态的发展。到阳台吹吹风,到舞厅跳跳舞。"每当遇到类似情境,我便尝试中断会议,到阳台休息片刻,让其他人也利用这一间隙放松放松。

　　至今忘不了海费茨在黑板上画的那些笨拙但恰到好处的画儿(不断上升的小波浪线),还有他格言式的讲话及辅助性动作。记忆犹新的是:"呵,上帝,现在是我们再听一遍,以感动这个群体的时候啦!"我记得所有细节——他的用词、动作及夸张的步调。

　　我问:"你是否认为那就是你现在所做的——感动这个群体,影响他们的文化?"他答:"的确如此。"

语言的力量

　　尽管修过一些对自己影响深远的课程,且这些课程已成为构建自己认知的一部分,但随着时间的流逝,多年后当有人让自己描述"学到什么"的时候,往往能够回忆起这类课程的特定语言很少。此次研究中,我们还有一个完全意外的发现,即访谈对象描述其领导学实践时,能够经常正确使用课程中的语言、意想,即便那些9—10年前修过这门课程的

第六章

人也能自然地、无须提示地使用课程中学到的词汇,准确描述自己现在的所想所做。

究其原因,不难发现这种现象自有其道理。领导学艺术就是能够觉察多种动力的相互牵制性,并能将注意力集中运用到最合适、最有效的方法上,以廓清"什么正在发生"与"什么应当发生"。领导者必须有能力将自己的知觉同有效的战略联系起来,必须学会采用有效方式理解并勾勒出复杂的战略。用于隐喻的形象有助于附载复杂、异类的元素。恰当的隐喻有利于明辨、简化、整合冲突和混乱,因此,我们发现恰如其分的隐喻是适应性领导学的精髓所在。

因此,尽管出乎意料,我仍不得不承认一组实用有力的隐喻在这一领导学教学方法形成过程中的重要作用。隐喻是一种定义事物关键特征的修辞手段,实践适应性领导学的人必须学会对隐喻加以识别和运用。隐喻性语言能使新观点活在想象中,能在运用者的生命中扎根。

最初,在外行眼中,隐喻这种修辞手段往往与难懂的行话如影随形,无需太多解释和翻译就能为人所理解。例如,怠工活动、暗藏的问题、把工作交还群体、弄清问题原委、工作步伐、正式与非正式权威的区分、暗杀或干掉。不明就里的外行稍加指点就能明白其中含义。

但是,有些隐喻,如个人微调、上阳台、把自己当气压计表、鸡同鸭讲、走在刀锋上、调和冲突、创造地与前沿偏离等等,则需颇费一番口舌才能让人知道究竟。如果听到一位选修过领导学课程的人说他们"通过做比萨饼"的方法提出自己的策略,我们就能得出一个非常鲜活的应用行话的例证,不管其实际的效果如何。

标 识

比萨饼的形状(同分析适应性挑战的主要框架有相似之处),在这种领导学教学方法的教与学过程中,是一种能把形象转化为标识的绝佳手段。"比萨饼"就是黑板上绘制的一幅图画,每当学生对自己的领导行为失误进行检讨时就会反复浮现于大脑:图画的中心写着一个大大的"X",代表这次适应性挑战的核心目标,及把工作放于其中的重要性;"X"的周围添加了许多小圆圈(就像比萨饼上的意大利香肠),每个圆圈代表不同人、不同部门、不同利益诉求者、不同的观点;小圆圈中画出的线条表示不同集团(就像比萨饼被切成块),连接不同集团之间的附加线条,则表示他们之间的伙伴关系、联盟关系、互动关系及相互作用。一切都包含在一个大圆圈之中(就像整块比萨饼的形状),象征着领导活动发生的环境。讨论和分析结束后,留在黑板上的图画看上去宛如一只意大利香肠比萨。于是,这种比萨饼的形象就成了本课程的一种重要标识——一种精妙的持续发挥指导作用、传递意义的形象,汇聚并浓缩了领导学分析框架中的诸多重要元素。

同时,另外一些标识也在发挥作用,例如压力锅的图像,表示用来控制适应性工作过程的机制,还代表用以进行压力管理的强制性制度;又如竖琴图像,表示一种个人主动调节行为,即除非个人知道如何正确行动(就像知道如何弹奏竖琴),否则就不能将自身视为美妙音乐的一部分。

这些标识及其他类似标识,作为立竿见影的象征性画面,自然而然地复现于黑板上,足以说明案例教学法中的理论要素。这些标识的意义一旦得到理解,自然会转化为交谈中的词汇,成为传递蕴藏于这些形象中的概念。

重　复

重复使用关键词汇和标识及其衍生出来的隐喻意义是这种教学方法的突出优势。许多其他类型的教学设计往往继一个高度抽象的概念出台后,相关课程才按部就班地进行,似乎这个概念已被确切掌握——

第六章

或在期末考试,抑或作业完成后就被掌握。与此相反,海费茨及其同事们介绍一个关键概念时,往往使用一个视觉形象或者某个短语(一种简化的隐喻)以引起学生注意,从而简化了概念的理解难度,且为理解概念提供了一个认知。之后,这个概念会被一遍又一遍地大大方方地重复使用,进而演变成学生们前面提到的一种范式,对此,教学双方之间达到了心领神会的默契程度。这些核心概念被学生重复使用于全部课程的众多语境(包括大群体、小群体、问卷、歌咏环节、非正式访谈……)时,更有可能被深深地蚀刻进学习者的思想里,使学生必然对现实产生更新、更综合的理解,进而获得更全面的独立应对能力。

这一过程的一个中心动力是,尽管这种语言及行为模式开始时模糊不清,但随着学习者越来越充分地联系并运用自己过去和现在的经验,会变得更有说服力。案例教学法中有了新的语言,如同准备了一辆车,专门用来传递人们以前从未意识到的有关现实的知识,如那些根植于潜意识中的或者仅出现在浅表意识中的无名且近于无形的知识。一位往届生这么说:

> (这门课程)专用语言的发明给了我一个向自己解释问题的途径……海费茨教给了我们一种语言,或者说仅是某些词汇,但我能用这些词汇告诉自己正在发生的事情,因而也能更好地理解可能发生的事情,机会可能在什么地方。或许可以说正是这样一些词汇吸引了我的注意:"舞池"、"怠工"、"每个人都是群体的一员……"现在我拥有这些词汇。我不仅感知事物,还能用词汇描述正在发生的事情。

学员们后来陆续回到工作岗位后,由于能撇清干扰,因此运用新语言的能力得以保留下来。当下,传统话语中尚无极其丰富的语言用以解释什么是适应性领导学实践所需要的特征,因此,社会中除诗人和广告策划人外,大多数人都丧失了隐喻思维的能力,海费茨及其同事们仍坚持将人们的注意力引向创造有价值的形象和语言这一战略性工作上面，从而使人们能通过工作更有效率地学习、生活，甚至领导他人。如果说适应性领导学是一项为追求更大利益而创造新现实的工作，那么在这个动荡不安的世界里，在领导学领域内，这种教学本身已创造出一种重要的想象力以及一种应运而生的语言。

有一些具体实例能说明这种语言唤醒的意识与其产生的技能（相关于自我与角色、隐性话题以及沉默）之间的联系。

自我与角色

进入美国联邦政府领导层的第一位女性曾详尽地向我们描述了学会区分角色与自我的重要性。一次，她在议会委员会作证时，某男议员反应过度，举止失当，后来不得不为此向她道歉。她在州政府任职时，也遭遇过类似事件，只是情节不如这次戏剧化。好在通过这门课程，她已学会了如何理解和处理类似事件。她回忆道：

> 在课堂上，老师常提醒我们："记住，指挥你行动的是你的角色，不是你自己。"这一教诲帮助我抵御了许多次的恶毒攻击。我深深意识到，一旦大权在握将会引发一种……
>
> 这种提醒的另一层含义是，即使你已获成功，或者赞美和追随者纷至沓来，那也只与你的角色有关，仅是人们投射在你身上的东西，不是你自己。在此方面，人们常犯致命的错误，所以这种提醒真的很重要！并不是说你不能欣赏自己的成功，而是要知道这种成功很脆弱——今天成功了，明天也许可能失败。成功的是你的角色，而非你自己。牢牢记住吧！

至于发生在议会委员会的那次事件，她是这样说的：

> 当然，我十分难堪，那天晚上我是全身颤抖着回家的。（我

第六章

知道）他对我的反应并非针对我本人，而是针对我所处的职位，这么想，他那种行为就正常了……我不会花6个星期时间琢磨上帝为什么允许这样的事发生，或者我是否应这样或那样。瞧，对我的帮助有多大！

隐藏问题

我们曾听说过一些证据证明隐藏问题对分析某些问题特别有效。所谓隐藏问题，即存在于某些群体并在群体成员中发挥重要作用但成员间彼此心照不宣的问题。一个往届生说："群体成员在谈论什么并不等于群体在发生什么，这一点要清楚。"另一个学生这么说：

> 对我而言，课堂上最重要的是观察主要群体的所作所为，这样才可以理解什么叫群体共同文化，也可从中发现各式各样鲜活的文化表现形式……哪些是明显问题？哪些为隐藏问题？哪些话题藏在话题里？

沉默——白色空间

沉默，是对语言的补充，抑或本身就在传达意义，同时还是领导学实践进程的一个有力元素。接受我们个案访谈的一位竞选顾问曾做过记者，接受访谈时刚刚结束新一轮的竞选活动。在这一轮竞选中，与她合作的30名候选人中有16名曾经遇到过麻烦，于是她为每位候选人制定战略。虽然任何竞选过程都很难澄清成功或失败的真正原因，但她最终还是确保每次竞选活动都获得成功。当问及这门课程的歌咏环节时，她说：

> 我想我学到了诚实。我们这些从事交流的人有时必须超越言语（而这正是政治交流的全部意义），而我最好的经验之

一就是告诉我的合作者：在交流时，最有力的信息并不需要用言语传达。我自始至终都这么做。

回答出乎意料！我继续问："你拥有新闻工作背景，是否以前就已经知道？"她打断我的提问，说：

> 这是事实，我说的都是事实。我还没有到相信"一画值千言"的地步，现在还没有。我发现还有其他途径可用于沟通，如音乐、声音、视觉，而最有力的沟通手段是沉默，我们用职业语言称之为白色空间。

有人认为人际交往中80％使用非言语，因此有关沉默、引而不发，以及对模范行为的模仿等内容的教学，是持久学习的关键组成部分。[4]

字斟句酌

语言艺术实践对领导学活动至关重要，不再是领导学这种教学方法中的一种模糊概念，而是一种可以被精确传授的方法。正如本书第五章所言，在歌咏课中，学生们学习字斟句酌地使用词汇，认识到"你使用的每个声音都像一首歌，都拥有古老的历史，蕴涵不同的内涵和寓意。"

在小群体里，可以通过问卷培养洞察语言力量的意识，及有效使用语言的能力。每次小组会议之后，学生们都按要求挑出小组讨论中的一个关键词，查找印欧语系的词根，进而追溯其词源，看其是否对现在讨论的问题有所启发。海费茨第一次布置这项任务时，曾举 experiment（即实验）为例，这个词汇的词根"peri"，也是 peril（危险）的词根，以此证明我们选择词汇时，往往忽略词汇所包含的古老意义。一个拥有正式权力的人说"不过是次实验罢了"（为的是打消下属疑虑），但他的下属却感觉这次实验就是将某人（或组织）置于一种危险之中。

通过学习，有些学生对词汇蕴藏的深层含义开始充满敬意，学会了

第六章

如何解释和向社会传播深层含义。一位正在做牧师的往届生,在准备布道时经常采用这种词源学方法。一位现任立法官的往届生告诉我们,通过该课程整整一年的学习,现在每逢立法院开会,他都会在大清早将前一天辩论的主题词的词源学解释置于每张桌上。不出预料,这一举动受到一些同事的高度好评,只是另有一些同事,据他透露,不解个中奥秘。

权威仅是一项资源

　　由于区分权威和领导力是这一领导学教学方法的重要特征之一,因此关注人们在此方面的实践就显得尤为必要。我们访谈的大多数人除拥有正式职权外,还具备一个共同特征,即都认为要是自己没选修该门课程,便会以诉诸权威的方式解决问题。经过该课程的学习,他们开始意识到权威只是一种有限的重要资源,开始在工作实践中考虑更多的影响因素,预测更复杂的情况,积极准备向更多的人发起挑战,向更多人学习。结果,他们认为自己的工作因此变得更富成效。

　　例如纽约市某区的一位警长在谈到如何使用自己的正式权威、如何理解把工作交还下属的重要性时,向我们讲述了自己最近处理的一起人事问题:

> 若在以前,我会把那一男一女两名警员叫进来,说:"你俩不能恪尽职守,我要炒掉你们。"因为我原本就想开除他们。自从修了这门课程以后,我开始更多地从组织角度思考问题,因为这起事件就是一个组织问题。这样思考,就给了他们选择余地,也让我可以与他们共同分担那一事故的责任,因而我不会被人认为做得太绝,否则会在组织中给我带来很多麻烦。这样,我也有了更多精力和时间处理与上级领导的关系。"这里由我掌管,这是我想做的。我必须靠此生存。我必须通过镜子

测验（一种测量动物自我意识的测验——译者注）。不是你，是我。我想给他们一个机会，我要按我的方式去做。"后来我按自己的想法做了。按自己的想法去做效果不错！

一位参与领导学课程学习之前就已功成名就的律师兼立法人员认为，学习这门课是"一次能让人谦虚起来的有用经历"。当我问"具体有什么用"时，他答：

> 这门课程已在我参与立法的群体工作过程中发挥了作用，只是没料到会如此持续地发挥作用。两年前，我认为自己已学得够好了，可以随手拣本《卫生保健决策法案》从头至尾看一遍，再独自完成修订，事实上我就是这么做的。但是，我忽略了参议院及老年市民的参与，结果在参议院召开的委员会集体会议上，我修订的法案未能通过。事后，我十分自责："笨蛋，没弄清谁是受益对象就草率行事！你是什么，区区一个法律专业的权威而已，根本无资格修订立法中的每一项具体条款。"所以，我不得不退回起点，召集法律援助协会委员会成员参与讨论，召集部分参议员协商，召集另一些参议员将讨论修订后的法案汇集成文。次年，我再次提请议会审议。议员们都参与了讨论，甚至在法案修订稿的每一页上都留下了自己的批注，因此该法案在经历与前一年几乎一样的程序之后，成功通过。我想，前一次惨遭否决，原因大概是我没将自己在领导学课程中的知识正确运用于实践之中。

"你正好可以通过这次失败教训去思考学到的知识呀！"我说。

是呀。现在，我发现问题时，起码能分析问题的起因了。那些参议员和老年市民都是我的合作者，也是修订工作的利益关联者，在第一次委员会集体会议上将我"暗杀"的也正是他

第六章

们,因为他们当时认为我不愿与他们合作。

日趋成熟的领导能力:自信、选择、勇气

这些例子说明了什么是持久的学习,问题只是这种学习在一个更大的实践层面里如何结束?下面是可在一个较大框架中定位持久学习的两个缩影。

这两个缩影一个是安德烈斯·阿尔瓦雷斯(Andres Alvarez),另一个是茱莲·贾米森(Jolene Jamieson)。在运用这个可管理学习过程的适应性领导学方法方面,这两位往届生为我们树立了在错综复杂体系中如何工作的学习榜样;俩人都以批判性、系统性的思维方式完成工作,这种思维方式传达出他们的责任感及各自职业领域的行动范围;俩人都就职于与大众生命密切相关的行业——安德烈斯在公共卫生领域,茱莲在环境保护领域。

见到安德烈斯时,我们会发现他自参加这门课程的学习之日起就开始选择独特的方式安排自己的生活,即倾听群体情绪的声音。自此,他的思维不再局限于静态的组织模型,也更少将自己的职权作为行动的基本力量,而是站在战略性高度去认识每个人代表的不同问题,在群体中推动适应性学习。不仅如此,他还更加关注时限问题,对自己在组织中的弱处尤为警惕。

见到茱莲时,我们会看到她如何通过以下方式推动一个州立机构及其下设分支机构的工作:建立战略伙伴与战略联盟关系、向须变革和适应的人或群体分派工作,承担风险,有效地进行激励,不断学习,永远临危不乱。

我终于明白真理也要经过商榷

飞机抵达拉巴斯时正是安第斯山（Andes）黎明破晓时分，橙红色的曙光揭开了连绵起伏的山脉轮廓，那高耸入云的主峰——雪白山峰（意为明亮又睿智）仿佛就在眼前。飞机在黑暗中迅速降落，驶入停机坪，几分钟后我随众走出机舱，迎接我的是安德烈斯·阿尔瓦雷斯，一位40多岁，身材高大，英语说得如西班牙语一样流利的绅士，他是肯尼迪学院3年前的在职生。按计划，我拜访了他的家庭，并按他家人的建议花数小时时间适应当地的高海拔气候。

当天晚些时候，我参观了位于美国国际开发署（United States Agency for International Development，即 US/AID）新楼里安德烈斯的办公室，还拜会了美国国际开发署驻玻利维亚的负责人，听取了她对安德烈斯所从事的卫生及相关社区开发项目工作的看法。其实，早在安德烈斯选修领导学课程之前她就认识安德烈斯，当时安德烈斯总能出色地完成任务，也正因为如此，安德烈斯后来才被推荐参加这门课程的学习。她告诉我们，安德烈斯比以前更善于分析，行事也更自信。

第二天，恰逢美国国际开发署负责南美地区的官员从华盛顿特区来访，刚好该官员被安排参观安德烈斯正在从事的一项基础工作，即安德烈斯最热爱的项目——为低收入家庭组建能提供有效医疗服务的卫生保健网络。我受邀同行。

首先，我们参观了一家卫生所，后来又参观了几家行政管理机构。安德烈斯同华盛顿来访官员的谈话主要使用西班牙语，但我能从他们的谈话中感觉到，尽管安德烈斯要应对大量质询性问题，但仍给华盛顿来客留下了深刻印象。我的这一感觉在上车后与该官员的谈话中得到印证，事后他在给我的信件中写道，我们那天参观的项目，"或许是所有开发计划中最好的卫生保健服务项目，也是我希望能在其他地区推广的项

第六章

目"。从某种程度而言,正是因为这个范例,美国国际开发署开始为那些能证明是可持续性发展的项目提供启动资金。

之所以好奇于安德烈斯在肯尼迪学院学到的领导学技能会对其工作产生的影响,是因为我仍记得安德烈斯在一次小组讨论上描述过的一次领导失败的经历。据他所言,他曾负责管理一笔下水道系统建设资金。当时,主体工程已经完成,但因为安德烈斯只关注上级行政命令的变化,忽视了对整个系统的注意(包括总工程师的合理要求),结果总工程师辞职走人。后来不仅花光了专项资金,安装的下水道设备也比原计划少了一些。我记得安德烈斯小组的一位美国同学(显然出于安慰而非向他讨教)好意提醒他安装好的下水管道数量已经不少了,"也许足够了"。但是,安德烈斯作为一位深负责任感的人,习惯于为完成任务行使职权,当然对下水道设备在公共卫生发展中的重要作用了然于心——当时他显然深受感动。他沉静地答:"在我的国家,我一辈子都不会嫌下水道系统够用。"

当我请他谈谈如何将领导学课程内容运用于工作时,他告诉我:

> 通常,我有……有自己的组织构想,会说:"这一块儿就是我施展所学的舞台。"这儿不是海费茨的课堂……(现在)我认为自己对现状更负责了。因为这门课程,一个曾经的信仰发生了一定的改变,那就是:承担任何任务都必须关注其中的情感因素。我开始更加相信自己的预测能力……也许,我在领导技能方面最大的改善,就是开始用心去领悟我们团队及其他团队的情感氛围——不管我们之间属竞争关系、合作关系,还是正在发生冲突。
>
> 我经常与不同群体一道工作(例如,他要与所有地区的卫生管理部门人员合作)。现在,我给他们更多时间,怎么说呢,在技术方面我已不再那么固执。我给团队更多时间建立自己

的工作流程。也许你还记得,以前我特别缺少倾听技巧,不知我现在是否真学会倾听了,但至少我正尝试花更多时间去理解发生的事情,去倾听,而且也许……现在,我已学会以一种平常心来理解冲突,处理冲突,或者说能以一种更宽容的姿态寻找冲突的起因。以前,我会对人说:"好吧,要么接受我的观点,要么滚蛋。我是对的,我相信我对。"然后,丝毫不给人反应机会,转身扬长而去。现在,我明白真理也须经过商榷,因为根本不存在什么纯技术性问题的解决之道。

他举了一个案例,讲的是自己如何领导一个前途无量的年轻人的。这个年轻人在玻利维亚首都拉巴斯(La Paz)接受了一段时间医师监管培训,等他返回自己所辖地盘时,发现同事们不再接纳自己。安德烈斯特意用领导学课程中的语言和概念向我们介绍:这个年轻人"饰演"的角色遇上了本土化问题。关键是,一个地区率先开展某培训项目,因此希望能够控制培训过程,但由于这种培训很快从一种区域性或地方性项目上升为全国性项目,这种希望因而显得不再现实。安德烈斯描述了自己如何采用建设性方法介入此事的经过。在弄清此事件的相关各方及不同观点后,安德烈斯将方方面面的人召集一处进行商讨。很快,问题的症结水落石出,那位年轻的"新经理"也得到了同事认可。在那次讨论中,安德烈斯不仅就隐藏的问题进行了公开讨论,还提示群体应当坚持的基本目标,即提供良好的卫生保健服务。讨论效果很好,所以后来每个地区的经理都邀请安德烈斯帮助组织类似的活动。

安德烈斯在谈到自己的弱点常使自己遭到"谋杀"时,还提到,当一个人处于有限的职权位置时需要具备某些技能完成工作,以避免被"踢出局":

> 我的角色(你能想象吗)是一个替美国政府机构打工的玻利维亚人,我共事的主要对象也是玻利维亚人,这样难免会

第六章

牵涉到很多意识形态方面的问题。不是事实而是人们对事实的认知。有人说:"帝国主义……他们企图干涉我们的内部事务,"或者"你叫我们做这做那。你以为你算老几?"凡此种种,天天可闻,有时甚至是公开的,有时则在背后。这个问题很重要,在那些我不能直接领导的项目中尤为重要,因此我不得不在……各个边远地区巡视,以便建立联系,保持联系,进行沟通,安排工作日程,确保工作计划的实施,吸纳人员,清退人员。这样做十分有必要。

现在,安德烈斯少了些权力的羁绊,懂得了真理同样需要商榷,更深切地体会到工作中运用分析性思维的重要性,少了一些暗箱思考,多了一些对整个系统、不同观点及战略关系(主要指建立伙伴关系、联盟关系,以及密切关注工作环境中复杂情感因素引发的隐性问题的重要性)的反思,从而培养出更多的同情心和耐性。"花更多的时间"恰是适应性学习所要求的。

通过观察学习

两周后,我来到美国中西部的一座城市,走进一幢格状长方形大楼,大楼不远处是州首府大楼,颇为抢眼。我跨上一级级宽阔台阶,穿过古典柱廊,经过一条长而阔的走廊,乘电梯直达5楼,径直去拜访一位12年前选修过领导学课程的女士。行政助理把我引到一间靠楼角的办公室。坐在舒服的大办公椅上,透过巨大的玻璃窗可以眺望这座城市的美景。很快,茱莲·贾米森走进办公室。我惊奇地发现她比我想象的年轻。茱莲现任该州环境保护局局长。

接下来的三小时里,我对她进行访谈,然后单独对她的一位同事进行了保密性质的谈话,开始了解茱莲如何应对一种挑战:在这个高度工业化的州里，顶住商界拒绝变革的巨大压力，为州环境保护局的环保工作，尤其是为推进环保规章的实施争取充足资金。现在，经过多年经营，环境保护局获得了足够资金，得以吸引一些高素质人才前来效力。不仅如此，全州政界和商界都对环保问题表达了更充分的理解。在讲到这一漫长过程时，茱莲多次引用领导学课程中的一些概念：

> 开始时（现在看来当时的失败不无道理），我们试图将工业垃圾费从150美元提到最高80 000美元，且首先拿一家石油公司开刀。按海费茨的说法，这大概就是所谓的"驱动这个群体"。现在看来，那样做似嫌"仓促"。尽管花了两年时间，而且还在全州范围内举行了公开听证，但人们才刚刚理解这一举动的原因。

最初，涨价的做法并不成功，茱莲与其同事决定冒冒风险，于是有意制造危机，火上浇油，以制造更大的失衡来为促进这种适应性工作服务。他们对立法机构说："我们无法继续开展工作。我们必须获得这些资金，否则真的无法继续正常运转，最后有可能被迫将某些项目还给联邦政府。"

当时，尚无任何一个州发生过类似事件，也无任何一个州长碰到过类似问题，但我的这番话使州长麾下的高级官员们意见逐渐统一起来。他们开始清醒地意识到：如果立法机构不批准这一罚款计划，此类威胁可能会无休止地持续下去，而所有有关人员都明白这些将带来多大风险。

茱莲说她在随后的争论声中下定决心：去拜见该地区所有立法委员，"陈述我们的故事，因为我们的故事相当精彩"。在随后四个月里，她还拜访了一些大企业的高层、中小企业的领导，甚至还直接造访全州各家报纸的编辑部，结果出人意料地发现人们对环保问题知之甚少，还发现自己低估了宣传环保机构职责的重要性，也低估了核算成本的重要

第六章

性。为回应独立核算成本的要求,她雇请某知名会计师事务所以公正、公开的原则进行成本核算。"当他们拿出数据证明仅花在废物和水处理上的金额就达3 020万美元时,我几乎无法向你形容管理当局的吃惊程度。"

一旦掌握立法机构未从企业界获得足够投入这一信息,她便立刻提议州长组建一个50人的特别行动小组,专门负责筹集立法许可经费,该提议后来得以实现:小组主席由副州长亲自担纲,成员有市长、立法委员,还有一些工商界要人。"由于这个提案必须拿到州参议院审议通过,因此我们还在小组成员中增设了参议院环保领袖的位置。我想问题的关键就是,要知道谁是你的盟友,清楚到哪里可寻求到支持,明白应朝哪个方向推动事情的发展。"

我们知道,海费茨在某种意义上将适应性领导学界定为:对包含"将工作交还给群体"在内的学习过程的管理。这一点也反映在荣莲的叙述中:

> 接着,我们开始教育他们。我们要做的最基本工作就是让他们视此事为己任,视为自己亟待解决的问题和职责,而不再仅仅是我们部门的问题及我个人的问题。促成这一转变非常关键,因为以后无须由我提议哪个市应付多少钱,热度偏向……积极行动的一方变为实际掏腰包的人。与此同时,我们进一步讨论了全国范围内的联邦政令和监察问题,并组建了一个为所有环保主任服务的全国性组织……瞧,我们一下子就拥有了与美国环保署(EPA)差不多大的权力。

荣莲为自己已取得的成就及同事的认可而高兴,但似乎也能接受部分工作仍有待进一步提高的事实,所以我问:"你是否认为自己这种与众不同的行动和思考得益于以前修过的领导学课程?"她答:

当然，当然喽！我没有一天不用到这门课程里学到的内容……"步入阳台，走下舞池"，这是多么重要的提醒！尤其当压力重重的时候，这些提醒能触动你，无论何时总能让你清醒，让你自问："出了什么事？"

她还告诉我们：

海费茨有本事在别人都注视他的时候静默不动……要知道，每星期我们所有人的目光全投向他，把他当榜样模仿，这对一般人而言该是多么难以挺得住的一件事啊！但这种静默的力量真是太强大了！静默是我常常使用的技巧——我会向他们提出一个问题，吸引他们的目光，然后端坐不动，需要的话，我会沉默40甚至50秒时间，最后才开口："我有整整一天的时间可以等你们完全放松下来。"你瞧，是不是很重要？接着，我会面对他们："我没有答案，只负责提问，只想知道你们打算怎么办。"此时，他们会不安。静默是一项非常重要的技巧，对性格外向的人尤为重要，而我本身就是一个外向的人，却管理着一群性格内向的工程师，所以我选择静默。

"用语言表达岂不更省事？"我问。

非也非也。与其吃力不讨好地提供答案，不如闭嘴静看这些内向的工程师如何处理、如何分析。这样做有时仅需几分钟，但对我来说就像熬了好多年似的。当年每周须面对的海费茨式静默现在多么管用啊！对我来说，静默只能通过他的身教才能学到，得通过观察他才可能学会。

从茱莲的经历不难看出她在工作中应对他人的特点，甚至从她对那些并不认可自己目标的人的态度，都能见到通过观察学习到的静默。

除强调将工作归还给群体外，通过茱莲和安德烈斯的讲述，我们能

第六章

够发现随着分析能力和技能的提高,他们的领导能力在不断成熟;由于认识到真理须经过商榷,他们对现实的判断也不断深入;面对周期往往十分漫长的适应性工作,他们更是培养出了越来越多的耐性。

少一点控制,添几分自信

这种方法并不主张领导学实践者像英雄领导模式和组织结构图所暗示的那样进行控制,因而常看到这样一种有趣现象:虽然人们正在学习的一种观察方式和行为方式必然要应对更为复杂的问题,且可能令人不安,但人们的自信感不仅不会消失,反而提高了。当然,通过对往届生的观察,我们发现自信心的提升不能仅靠单独一门课程,还有赖于学院开出的其他课程,及其他方面的影响。另外,勇敢地公开自己的失败经历、把某些与自己经历相关的经典隐喻浓缩成分析性的概念并加以运用……凡此办法似乎都能为人们增添新的力量,还能使人们从以往熟视无睹或视而不见的事件中获得灵感。此外,能够使用正确词汇描述正在发生的事情,就像掌握了某种关键的语言,能使人更自信,更能胜任岗位,因为他们不再只是环境的被动适应者,也不再一味随波逐流,而且面对变化时他们不再毫无准备,更不会无力应对。换言之,虽然这门课程教授的最根本内容是如何突破个人局限,但是通过这些学习者的案例,我们发现(参加过该课程学习的)人们能够在实践中对正在发生的事情产生更深刻的认识,并且有能力创造出更有效的问题解决方式。

勇于实践一种永难完全掌握的艺术

通过回答"哪种方法的学习效果更持久",通过采访往届生及其上司和同事,我发现他们的自我陈述与其他人的评价非常吻合。当然,我也发现证据证明,仅一门单独课程是不可能教会学生掌握适应性领导学艺术的,更何况每个学生都在根据自己的经验和背景学习。因此,虽然我们的访谈对象都提供了相当可信的证据(只有一个例外),证明自己学会了新的观察方式和新的行动模式,但他们的所学不一定包含导致成功的关键因素。如果说上述关键因素尚未成为学生领导学实践的一部分,他们的许多方面就可能成为足以致命的各种盲点,这便提示我们:要将领导学作为一门艺术,就要有勇气面对自己永远无法完全掌握的领导学艺术,面对永远无法完全掌握的事实。对此问题,往届生大都已有所觉察。这大概是他们强化思辨意识的结果,也是对适应性领导学艺术的一种尊重。

重要的是,我发现一些往届生组建了小小的研讨小组,专门运用这个领导学教学方法的框架对失败进行反思。这种反思性活动对他们如此重要,以至在修完课程回到各自岗位后的一年中他们仍然定期聚会,继续探讨有关领导失败的案例。我猜这大概出于职业操守的需要,后来向他们求证为何能够腾出时间参加讨论时,我得到这样一个有趣的答案:"哪个屠夫不想把自己的屠刀磨得锋利无比?"

第七章 勇气和代价
——如何讲授不可教的领导学

学习是一个融学生、教师及学习内容于一体的炼丹过程。[1]与大多数形式的教与学相比,尽管本书介绍的学习领导学的方法将三者编织得更紧凑、更天衣无缝,但我们在前面章节中主要把学生体验作为关注重点。那么,下面我们将探讨教师的教学问题,例如怎样在适应性领导学教学中运用案例教学法?采用这种教学方法的感受如何?使用这种教学方法的教师应担当什么角色,指导者、教练还是教师?*

实践适应性领导学要求学生不仅需要了解自己的组织,以随时动员力量解决棘手问题,还需要清醒地认识自己。领导学实践要求领导者乐于在处理现实关系时极端客观诚实地看待自己,这需要随时准备好在复杂的行动中进行自我观察。采用案例教学法传授适应性领导学,也需要相似的能力,当然也会获得相应的回报和满足感。但是,正如实践中运用适应性领导学会冒一定风险一样,这种教学也需要承担一定风险。的确,使用案例教学法需要勇气,要求付出相应的代价。在以下与罗纳德·

---

* 本章材料源于历时几年的 3 次大型访谈。其中一个由卡伦·索基尔森主持,另两次由莎伦·达洛兹·帕克斯主持。

第七章

海费茨的对话中,我试图探索的问题有:这种教学方法对教师提出了什么要求,教师在传授人们通常认为不可传授的领导学的过程中会受到哪些重要影响……

　　罗恩,你有独特的领导学教学实践,这种实践与人们通常理解的教学大相径庭。作为教师,你对这种领导学教学方法有何体会和理解?

　　使用这种教学方法时,我内心忐忑不安,甚至觉得好像赤身裸体地站在众人面前一样羞愧难当。这种教学强度很大,早些年刚采用这种教学方法时,时间通常从下午4点持续到6点,再回办公室花1个小时记录课堂经历。我会力争明确基本主题,这样才能知道下周应该从什么问题入手继续课堂教学,只有这样才能使教学更富成效。因此,我每晚忙到8点才能回家,心力交瘁地倒床便睡。

　　你知道,这种教学要求对课堂突发事件的深层模式进行不断分析探索,要求对益于学习但又可能造成不安的因素条分缕析,这样做是要冒一定风险的。

　　倾听是教学的关键,但我得尝试着边听边做。如果尝试结果相宜,我就提出一个既能马上为学生理解,同时又能揭示一个隐藏或不愿触及的问题。例如,2004年布什总统连任竞选结束之际,我提出这样一个论点:课堂上非同寻常的寂静表明,外籍学生由于在美受到挫折及诸多其他因素的影响与美国同学的对话存在障碍。压抑的冲突马上浮出水面!因为那一周的主题是"调和冲突",于是这一论点顺理成章地成了一个非常成功的实例。然而,万一尝试失败(例如提出的观点无人搭理),我就不得不当众找出自己的明显失误,同时理清下一节课的教学思路。我认为,这种"边行动边倾听"的方法是学习做领导者的基本技能。尤其当我们面对的不是技术问题,而是适应性挑战的时候。

　　案例教学法还需要一种能力,即佛教徒称之为"遁入空门",弗洛伊德精神分析学派称其为"接通无意识之源",著名心理分析学家荣格的追随者们则称其为"接通了一种集体无意识"。就像工作在某个临界点时一样,人会感到困惑,这种困惑就是人置身"空"的征兆。我这个人常找不出事情的因果联系,就像雾中看不清物体形状那样,但作为领导者我必须找出因果关系,必须不断克服困惑,直到能以一种有意义的方式理顺事情脉络。通常情况下,如果我在困惑中沉溺过久,总能在班级学生活动中,或是学生的例子里一点点地发现某些粗略线索、模式。接下来,我会提出这一模式,让整个班级尝试,考察这个模式对他们是否有积极意义,是否可以把领导学运用到处理棘手问题的群体中去。

我要求学生从有欠连贯完整的陈述中获得信息,保持好奇姿态,帮助别人理清思路。其实,人在自己的职业生涯中每天都从事这种诊断性工作:遇到混乱情境,要依靠掌握的零散信息如实分析,须保持探索欲,忌匆忙下结论。运用领导学时,你需要建立一个系统,画出一幅更宏大的图景,进入更广阔的知与行的境界。因此,我的教学及我的教学要求类似于学生们在更大现实世界实践领导学时要面对的情况。

> 这种教学要求你精心筛选课堂上要表述的问题,当然还要观察学生的接受情况,根据学生态度调整教学内容——一切都是不确定的。这是否意味着你不能完全控制你的课堂教学?

很难说。不是你控制不了,或不介意结果,或没有规矩可循,而是说种种因素都在以不同形式发挥作用。这种教学基本上是即兴问答。对儿童而言,即兴回答问题自然而然顺理成章,但是对许多成年人(包括一些传统型教师),而且需要刺激加鼓励才能使他们重新掌握这种模式。好在毕竟能够再次学会,这种模式很快便给了学生一种让思维沿某方案或某路径自由流淌的方法。采用即兴问答的教学模式,我须随时准备对付可能抛来的问题。不过,还是可以有所准备的,只是在实施教学计划时需更加灵活机动,因为不同学生群体的教学各有不同。

第七章

领导学教学呈多种形式,如每周一次的学习主题、大班班会、小组讨论、阅读、案例陈述、歌咏环节、问卷填写及其他书面作业(我们对各种形式进行了严格区分)……其中穿插许多即兴问答环节。这种方法能够使教师及时授业解惑,无须顾虑压力问题,同时还能深入地发明、发现、探索、调查、实验、尝试。就这样,我们的课堂教学针对适应性过程(这种过程自然就具备实验性和累积性)提出了一种有效的学习模式。

例如,学生站在全班同学面前陈述自己的领导失误经历时,其陈述问题的方式本身就是问题的一部分。学生们常常会发现自己不再像以前那样置身矛盾旋涡不能自拔。不过,我在采用这种教学方法多年之后,还是经常会在课堂枯坐 45 分钟,困惑地听学生讨论某个案例,最后才拿出一些诊断性意见。

这种教学方式显然对教师要求很高,但从另一角度看,这种方法似乎使教师的工作更简单安全了,因为这种教学允许教师犯错误,甚至允许教师在课堂上偏离主题。对大多数教学而言,此类现象都是不可原谅的。你在对这种教学方式越来越熟稔之后,感觉压力是不是相对少了一些?

随着这方面教学经验的日益丰富,我不再像以前那样疲惫不堪,也不再如以前那样焦虑,而是能更好地培训其他教学人员,让他们分担更多责任,从而减少自己的教学负担。

不过,随着历届班级的更迭,我的经验也在发生变化。有时上完歌咏课后,我会感到一阵快意,有时上完另外一些课后我可能会郁闷,即便回到家中,疲惫和焦虑也仍挥之不去。对于这些教学经历,我学会了尽量不直接从中得出结论,而是将自己的情绪反应视为一种有用信息,因为有时上得最好的课正是我课后感觉糟糕的课,感觉"糟"恰是由于我真正理解了学生的困扰和矛盾,也因此体会到了他们的真情实感。有时,我极易受得意洋洋的情绪误导,自以为做了件了不起的事情,而实际上自己什么也没做。所以,我尽量避免过分依赖自己的经验进行判断。的确,这些判断能够提供某些线索,但离开教学人员的帮助,这些线索的实际价值就得不到检验。

教师备课很重要。只有备课才能理解要解决的问题:学生们有哪些进步?助教在每周的群体研究问卷中有哪些新发现?上一周发生了哪些重大教学事件?……所有问题都可为未来的教学提供启示。备课,对我们而言,不是计划课堂上一定会开展的内容,而是预测哪些事情可能发生,哪些主题可加以利用,如何在这些主题及现在的教学内容之间建立起联系。

我认为,这种教学方法对教师而言既可说更难了,又可说更易了。所谓更难,是指尽管我可以更加从容不迫地在课堂上寻找问题线索,但课堂教学进程仍无法预测。所谓更易,是指尽管我无法对问题推敲斟酌,但不再担心犯错,而且承认错误也不再困难,换言之,这就是此种教学变得"简单"之处,因为你不必把自己当做完人,不必害怕出错,完全可以坦然地在课堂上分析自己的错误,当众纠正自己的错误。万一我因此失去了学生的信任,同样可以因此重建这种信任。我在课堂上的失误,对文本的曲解,对他人的误解,人格底线被触及,与人产生短暂争执……诸如此类的情况都是活生生的人际互动范例,或低俗或高雅,引人深思。当然,学生们可能学会我传授的技能,同样也可能从我的失误中汲取教训。

"人格底线被触及"指的是什么?

有两种情形,一种容易应付,一种难以应付。容易应付的是,在学生讨论的主题不会对我的人格产生挑战时,学生可以假设自己处于我的位置,我将这种假设视为一种投射,但这种投射不会过分牵涉我的自我及个人经历,因而我不用担心自己会被拖入困境。这种情况下,我既可以马上用恰当的话语作出回应,也可稍后答复,还可提出意见:"看看你要

第七章

我干什么,或者希望我怎么做。如果我现在就让你希望落空,你会怎样?"

例如每届开始上课时,学生们总想知道课程的框架结构,而我会告诉他们"在大纲里",然后反问他们我的这种回答有何用处(见第二章)。这种回答一般会令学生失望,因为他们通常期望教师能明确回答自己的疑问。接着,我指出,直接告诉他们答案会缓解他们的焦虑,但不利于他们的学习(因为领导学的部分内容就是让学生学会冒险,包容混乱)。我这样明目张胆地违反我们社会契约的隐含条款,毫无疑问会令学生困惑,但我很适应这种教学方式,因为可以发表自己的观点,而无须担心卷入争论中心。

相比之下,若有人对我说:"这么讲吧,我认为你对某某说的真是很没道理。"此时此刻的情形才难以招架呢。对,这种情形应对起来相对困难一些,因为我须回忆:"我开始说的是什么,后来又说了些什么,从何谈起的,是不是我忽视的问题?"如果不是,还须考虑怎样回答才能避免让学生听上去像在狡辩,同时还要让学生注意沟通中的一些问题,如怎样评价一个权威数据才能使其听起来比出自同事之口的评价更有力、更触目?学生们习惯以什么方式听我上课?

当然,如果真是我个人的失误,譬如一次有失偏颇的评价,我会抽出时间弄清失误的原因,会询问助教,然后认真分析失误直至明白哪些是由我造成的,哪些是由学生造成的。如果失误因我而起,我须在课堂上公开承认,这就是我们领导学实践中常提到的经典语句:"承担因你而起的那部分失误。"我必须这么做,因为课堂上学生对我的信任与我对他们的真诚是相互的,既然我要求他们在陈述自己的实际案例时须诚实,那么我就绝不能撒谎或敷衍。因此,使用这种教学方法,我可以表现真实的自我,保持自己的限度。我愿以身作则,愿告诉学生如何在自己的岗位上表现自我,如何训练自己的领导能力。只有在课堂上将自己的失误当做实用教学素材时,才能真正获得学生的信任。

我必须这么做,然而不能以自我为中心,暗箱操纵,曲意逢迎,甚至不能期待任何回报,不管回报有多诱人。换言之,学生们授权我为他们的学习提供服务,所以我的基本任务就是不折不扣地演好自己的角色,为学生提供教育服务,尽管他们的部分学习内容须在我面前完成(那时我同样当着他们面在"大声"学习),总之,我为他们的学习提供支持,而不是要求他们配合我,谅解我,关照我。不过,有时两者之间的界限很难划清。

任何一种教学方法都建立在教师个人生活经历和想象力的基础之上。你的经验中有哪些关键因素对形成这种领导学教学方法有用?

生活很少以线性方式展开。让我想想,看能不能把我的教学方法作为某种结论,然后根据我复杂的人生经历,顺藤摸瓜,为你的问题找出答案。

首先,已有一些优秀教师在课堂上有意或无意地展示什么是教,什么是学,他们的课对我影响很大。例如,我在哥伦比亚大学曾听过厄恩斯特·内格尔(Ernst Nagel)的哲学讨论课。内格尔才华横溢,帅气高雅。可有些学生有时嫌他的课过于乏味,时常在他的课上打瞌睡。此时,内格尔教授会故意压低嗓音,好像不忍打搅他们似的。这是我从他课上学到的最有价值的东西,这个东西不是哲学,而是谦卑和智慧,一种恭敬,一种对学生及他们经历的尊敬。这种行为深深打动了我。

虽然我现在还很难做到如此谦卑,但这一经历的确使我更加同情学生,更加留心学习的勇气和代价。如果课堂上有人走神,我会生气,会更可能因此觉察到他们潜意识里已决定置身课外,因为内容太难,只好选择放弃这些对他们来说过于混乱或过于扰人心智的话题。此时,我认为自己有责任想办法把他们的注意力引回正在讨论的主题上。当然,必须

第七章

以一种他们感兴趣的方式。

谈起这些观点及这种教学方法的历史渊源,可以说适应性这个概念与我个人对生物进化论的兴趣有关,无论大学期间还是后来的医学院实习期间,我对这一理论一直兴趣有加。至于方法,当然受到医学院学习经历的影响,那里的学习主要通过学徒制模式和临床经验性学习方式完成。

当我从外科转入精神病科时,明显感到精神病医生必须采用与外科医生完全不同的解决问题方式。外科医生运用自己权威的专业知识和经验进行诊断和治疗,工作的关键性和艺术性往往就在于确切发现和定义问题(疾病),以进一步制定外科治疗方案。而精神病科医生采用的工作方式则不同,见病人带着问题走进诊室时,作为一名精神科医生,你不能立刻断定他有病,你需根据病人的症状进行诊断和治疗,而治疗方法常常是指导病人提高他们自身处理问题的能力,这与外科手术截然不同。对外科医生与精神科医生之间差异的了解,有助于我后来将技术性问题和适应性挑战清晰区分开来。

对我的这种领导学教学方法产生影响的另一因素是我与赖利·辛德(Riley Sinder)的交往及我们的音乐研讨会。1971年,我认识赖利,当时我们都在加州大学洛杉矶分校(UCLA)就读。赖利是物理化学专业在读博士,正在教有机化学实验课,而我是医学预科生,已向哥伦比亚大学请假一年到南加州大学跟随格雷戈尔·皮亚蒂戈尔斯基(Gregor Piatigorsky)学习大提琴,同时利用业余时间在加州大学洛杉矶分校继续我的医学预科学习。那时,赖利对阶段变化中的突变有着浓厚兴趣,正在研究化学系统的数学模型,而我则热衷于音乐创造。我们俩都略通音律,于是决定拿我们的朋友小圈子进行试验,其实就是经常演奏音乐,有时也尝试发掘朋友们的音乐创造潜能。由于各自发展方向不同,他后来去了华盛顿特区,我则到了哈佛医学院,但我们依然保持共同思考和试验的习惯。

认识赖利 7 年之后,我决定将精神病学作为自己在医学中的主攻方向,开始思考有关领导学问题、冲突解决方法,及公共政策问题,意识到我不仅需要研究个体,还需研究个体的生存环境。

大约就在那一时期,赖利和我发起了一个"音乐研讨会",专门讨论音乐与创造力。随后的 5 年期间,我一边参加精神病住院医生实习,以完成从普通医科向精神病科的角色转变,一边同赖利开展为期两天的研习会,每次与 10—12 人合作。这些课程成为我们的"实验室",让我们有机会尝试如何讲授看似无法教授的技能,如何支持人们完成令他们恐惧的任务,例如教他们如何将某人在客厅制造的隐秘的刮擦声创作成一首无字歌。

还有一位对我影响至深的教师,名叫爱德华·夏皮罗(Edward Shapiro),他现在负责马萨诸塞州斯多克布里其(Stockbridge)奥斯汀·里格斯(Austin Riggs)精神病院的工作。作为住院实习医生,我曾与艾德(Ed)一起在他创办和管理的麦克琳医院(McLean Hospital)"青少年及家庭治疗中心"工作过 1 年时间,那时的主要工作内容是在家庭背景下治疗青春期心理疾病,因为治疗这种疾病需要站在整体系统的角度。这一系统性研究的视角超越了仅关注个体的研究倾向,使我可以将精神病学作为分析工具,运用到现实政治和组织生活之中。

艾德建议我们参考雷思学院(A. K. Rice Institute)及其塔维斯多克(Tavistock)研习会的研究成果,当时他们研究的核心问题之一是权威与授权的性质,因此赖利和我开始潜心研究权威的性质及权力的诸多关系。塔维斯多克研习会的研究十分重要,在心理学方法基础上增添了工程学和生物学的研究范式,创造出一种社会系统研究方法,向经验性教学实践发展道路上迈出了一大步,因此塔维斯多克研习会的研究本身也成了一个"案例"。

第七章

　　随着"音乐研讨会"的不断发展和成熟,我们渐渐产生了一种想法,想把它发展成一种传授领导学、灵感、权威和群体关系过程的工具。这间小小的"实验室"为我们提供了许多试验机会,因为这类课程相当紧凑,包括一个双休日在内的 25 个学时。5 年中,该课程我们共上过 55 轮,无论成功还是失败,我们都获益良多。

　　几乎与此同时,我们还观摩了艾哈德(Erhard)研讨培训。那是一次非常重要的经历,因为我们亲眼目睹 200 人聚集一处,用两个周末的时间完成了一次意义深远的课程,使这一学习经历显得好像可以改变他们整个人生似的。当然,这种教学是一种经验性教学,但非常有参考价值。在塔维斯多克研习会和艾哈德研讨培训的启发下,我们认真地审视了哪些研究对我们有价值,哪些会产生副作用,哪些会误导我们……

　　后来,我来到肯尼迪学院参加在职培训,从中认识了传统的案例研究方法,尤其从马克·穆尔(Mark Moore)的精彩教学中学会了如何将一系列案例组合起来阐明自己的观点。当然,这些案例并不提供直接经验,但是通过阅读能够激发学生用自身经验进行深层次的讨论,使他们产生身临其境的感受。我曾将这种传统的案例研究方法作为一个案例进行分析,将学生自己的案例当做这种正式案例分析法的延伸。我认为,传统的案例研究方法虽不如我们开发的方法有用,但能达到重要的辅助效果,尤其在某些特定情境中效果尤为明显。这些教学方法可以综合运用,选择什么样的教学法须与教学情境、教学对象、教学时限、学习者对你的信任程度,以及你想传授的内容一致。

　　你是如何从肯尼迪学院的学生成长为一名教师的?

　　在肯尼迪学院学习时,不少教师的教学对我这个方法的提出起到了不可替代的启发作用。例如,为琼·奈(Joe Nye)和格雷厄姆·艾利森(Graham Allison)的课,我写过有关美苏关系的论文,文中引用了心理医师罗伯特·J. 朗斯(Robert J. Langs)的一段话。罗伯特·J. 朗斯曾组织研讨会研究过适应性环境概念及患者的适应性活动。乔和格拉汉姆建议我在此基础上构建一种模型，这种模型不仅能够在小型群体、双人互动关系及个体身上应用，还能在复杂的大型系统中使用。迪克·诺伊施塔特（Dick Neustadr）、马克·穆尔及马蒂·林斯基建议我从政治和组织的视角进行思考，鼓励我们考查正式权威与非正式权威的区别、领导者与这些形式的权威的差异、领导活动和权威影响的规范化标准……塔奇·伦纳德（Dutch Leonard）激励我们采用实证手段认真思考显性结构中的隐性假设。

创业阶段的学院都欢迎那些有长期计划的项目。1982—1983年，我还是学生，肯尼迪学院相对而言也十分年轻，富有创造性，敢于冒险，工作环境带有试验色彩。当时学院的宗旨是"为政府培养领袖"，但教师们尚无时间集中力量开发领导学课程。恰逢此时，两位行政经理兼"音乐研讨会"会友琼·古德诺（Joe Goodnough）和休·威廉森（Sue Williamson）鼓励我和赖利组建一个研究领导学的工作室，设计领导学课程。我向汤姆·谢林（Tom Schelling）介绍了我们的教学经历及对领导学教学的想法。汤姆是肯尼迪学院的创始人之一，也是一位富有见地的思想家。他邀请我们将新开发的领导学课程讲给教员们听，以帮助他们提高学生的创造力。为此，汤姆还发起了一次午餐讨论会，邀我在讨论会上陈述为教员们进行研习培训的创意。尽管有20位左右的教师参加了此次讨论会，而且很多人表示出感兴趣，但无人报名参加周末的研习培训。于是，后来几天我对每位教授进行单独游说，终于有9位勇于尝试的教员参加了我们的研习培训。结果真是鼓舞人心！格雷厄姆·艾利森（Graham Allison）院长和我签订了为期1年的合同，尝试开发领导学课程！

在周末研习培训过程中，赖利和我经过多次讨论，很快找出领导力与权威的差异。此后不久，一个包括约翰·洛普克（John Lopker）、艾

第七章

伦·西尔弗斯坦（Alan Silverstein）、琼·辛格（Joan Singer）、纳恩·特伦特（Nan Trent）、弗吉利娅·桑代克（Virginia Thorndike）等人在内的团队建成。记得培训项目即将完成的那个周末，我与赖利就理论问题争论到很晚，最后竟不知不觉睡着了。早晨醒来，发现赖利已完成了培训指南，封面上写着："领导力和权威的管理"。我对他说："这是什么意思？你疯啦！两者之间根本就没什么区别！"接着，对这个直观的论题，我们又一次展开了激烈的辩论。那情景真的让人非常非常兴奋。

然而，这套思想的真正成熟又花了 10 年，且是在许多同仁坚持不懈的合作下得以完成的，其中包括我妻子苏珊。在我于肯尼迪学院第一个教学 10 周年内，她助益甚多，而理查德·诺伊施塔特（Richard Neustadt）的《统制力》（Presidential Power）有助于帮我们把正式权力从非正式影响、激励和劝说中区分出来，另一些学者区分了首脑学与领导学，如普林斯顿大学的罗伯特·塔克（Robert Tucker）在《政治作为领导学》（Politics As Leadership）中分析了正式得到授权的领导者与未得到正式授权的领导者之间的差异。正是由于这些学者的启发，我们在分析人类关系中权力的本质和来源时，得以成功地区分正式权威与非正式权威之间的基本差异。这种区分对我们的工作特别有用，可用于日常教学当中。不仅如此，通过分析学生案例中出现的矛盾和困惑，我们觉得需要作进一步区分，因而发现许多学习领导学的人根本不掌握权力（包括正式和非正式的权力），而同时还有许多人拥有很多权力，包括正式的和非正式的，但从不实践领导学。

区分领导者拥有的正式和非正式权力，使我们拥有了与以往不同的研究和学习领导学的平台，于是我们不再使用社会或政治交换概念作为核心分析单位，而是使用进展一词作为基本分析单位——所有活动都围绕如何动员和组织才能在应对复杂挑战（尤其是适应性挑战）过程中取得进展。

"刺杀"代表的含义及"经历领导危险而不死"的重要性是怎样成为你们认为的一个核心特点的?

我在加州长大,尚未成年时就赶上肯尼迪总统被刺事件。17岁时,我在洛杉矶为罗伯特·肯尼迪(Robert Kennedy)的总统竞选班子工作,他被刺杀的那天晚上我也在大使饭店,当时距民权运动领袖马丁·路德·金被刺杀仅隔两个月。"刺杀"是我成长历程中的真实事件,使我很早就学会注意角色变换及这种变换对某些人的巨大伤害。有时这种刺杀仅仅意味着肉体的消灭,但是,通常人们会追踪你的个性、你的能力或你的家庭,你会沦为替罪羊,被边缘化,被诱惑,或者被中性化。如果你打算在复杂问题上有所进展,就必须学会"在刀锋上行走"——让人们在能够承受的限度内面对挑战,作出决策,调整他们的生活和工作方式以适应变化,当然还要大力支持你的群体、组织和社会,在适应性工作方面取得进展。

沉默是你这套教学方法中一个特别有用且有力的特点,你如何把沉默融入自己的教学实践中去呢?

这得再次追溯到那些音乐研讨会。在研讨会上,当人们发现自己能当众演唱,能公开展示自身真实潜能的时候,经常会惊讶地陷入一种特别的沉默——一种包孕丰富的、祷告似的沉默。于是,我们开始试验沉默。也许赖利最能体会到沉默的巨大力量,因为他遵循教友派信徒的某些传统。也许我小时候更容易注意到这点,因为我记得儿时酷爱艺术的父亲有次在饭桌上考我们:音乐中的沉默和雕塑中的什么相似?我们4个孩子围坐桌边猜答案,有人猜是"空间"。无论原因何在,我们开始注意到在我们的这些讨论中,有时需要沉默,给人们一定的时间和空间跟上你和他们自己的思维。此外,你还需要抑扬顿挫的节奏来不断吸引人们的注意力,推动谈话的继续。

第七章

　　我知道我也需要沉默。我使用沉默多是为了让自己站在自己的角色里想一想。有时稍作沉默，有时时间长一点，因为我希望自己的教学是在不确定情境中进行的。如果沉默时间过长，自然不会有效果。我在教学中，既采用音乐化的手段也采用分析方法来保持沉默。

　　　　经过这么长时间，你已将很多故事织入案例教学法中。与想象、暗喻一样，好的故事很容易在我们心里扎根。在此方面，你的教学工作做得怎么样？

　　开始短期领导学教学时，我一般只有1—2天而非整个学期的课程安排。考虑到这种情况，我精心挑选故事，以达到"迷你案例"的效果。一个故事可以提炼和传达你想要传递的关键概念，所以选择的故事必须能引起人们的共鸣，最好能与他们近期的经历相呼应。

　　我说过，大学期间我曾向哥伦比亚大学请假去南加州大学，在那里我有幸进入格雷戈尔·皮亚蒂戈尔斯基的硕士班学习大提琴。在每周两天每天5小时的课堂上，皮亚蒂戈尔斯基基本上以讲故事的形式完成授课。每次上课只有7—8名学生，每人演奏一段音乐。在勃拉姆斯、巴赫或者贝多芬的音乐中间，皮亚蒂戈尔斯基会打断我们的演奏插入一段故事。他的语音低沉，略带俄语口音，我对这位绘声绘色地说故事的杰出教师十分着魔，不仅着魔于他寓言般的故事，还着迷于他传授音乐乐感和演奏技巧的方法。其实，他并不热心教大提琴的演奏技巧，只是将此任务交给程度较高的学生，由他们对我们进行单独训练，皮亚蒂戈尔斯基关心的是传授情感，演绎风格，注意优雅和精致的细微差别。他是怎么做到的呢？偶尔，他会拿起自己的大提琴演奏一个乐段，但更常见的情况是，他会像坐在古典欧洲风格的教室那样坐在讲桌后面，讲故事给我们听。开始，他的故事让人迷惑，好像离题万里，让人如坠雾中，可是渐渐地，就像一只空中盘旋的老鹰迅速俯冲抓住猎物一样，他会点出主旨，这样，故事的意旨便一目了然了。他的教学成果斐然，开启了我们的心智，使我们开始以不同的方式演奏大提琴。那是我一生中一段重要的经历。

在案例教学法中，你区分了用故事传递思想的作用及演讲式授课的作用，请问后者有何魅力？

尽管采用这种方法教学已有20多年，我仍然觉得无法始终如一地处理这个问题。为阐明和澄清一系列观点，有时我会故意在课堂讨论或案例分析中穿插简短讲解——一般10至20分钟。我通常会在看出学生对某些观点感到困惑的时候进行这种简短讲解，因为我认为学生的困惑足以使他们拥有好奇心和求知欲，进而使我的讲解更为有效。

偶尔，为引导学生理解一个复杂主题（例如，如何理解"刺杀"所代表的含义，如何有效使用冲突，如何礼貌地迎接他人的愤怒，如何在领导学实践中处理自己的欲望和需求……），我会在课程一开始安排10—15分钟的简短讲解。为让学生参与这些敏感而有意义的话题讨论，我常会预设一个背景，不仅构建一个概念体系，还要充分授权，为更深层次的讨论创建良好氛围。在讨论过程中，我也会自始至终地站在他们面前，使他们感觉课程是经过精心组织的，我希望这样做能使他们甘冒风险，敢于涉足自己恐惧的领域。歌咏课一开始，我就这么做（见第五章）了。总之，我先向学生讲解概念，引导他们理解自己能够从经验中学习哪些，还要为他们创造一种氛围，使他们在讨论中不担心风险。

但是，我必须进行自我约束，为此我要求助教在我脱离教学主题时打断我。每当这时，我的助教便会对全班学生说："看看，海费茨滔滔不绝，而我们则可以沉浸在欢愉的满足感和平静的舒适感当中，这难道不是我们逃避学习的一种行为吗？"有时，我很欣赏助教能适时插话，有时却很是不满，因为我正讲在兴头上，难以自抑。的确，我沉醉于自己的演讲，我有许多许多观点想说给学生听。有时，我会错误地不顾助教的提醒一味继续自己的演讲，但更多时候我会立刻停止自己的"独角戏"，叫

第七章

学生讨论这个问题,让他们不再依赖我的讲解,而是通过独立的因果分析解决问题。

课堂上有些学生与我"同调",有些却与我"异调",注意到这点也有助于我抵御滔滔不绝演讲的诱惑。因为课堂出现这种情况表明,我的演讲与有些学生无关,课讲得呆滞乏味,我没能力将班级融为一体,没有使学生从集体学习中获得共同经验。如果我沦为一个讲课机器,就意味着学生们失去了练习机会,不能练习如何彼此交流和倾听,如何创造条件畅所欲言,如何向人请教,如何提出问题,如何利用空闲时间……这对他们的时间是极大的浪费。所以,我必须带头实践我所教给他们的理念,"把工作交还给群体"。

换言之,我认为,如果你想教领导学,你的课程设计和实践必须证明你想传授的领导模式,你须通过你的教学风格和课程组织模拟你的领导模式,这样,学生们必然会或多或少地在课堂上模仿你的领导模式。尤其在实践性课程中,我认为有责任自问:"学生模仿我的行为时,会不会按我想教给他们的那些原则行事?"

案例教学法中,什么最具挑战性?或者说哪些环节最需要?

我知道,自己在必然经历的骚动和沮丧过渡期时最需要情感。我有意违反学生们的文化规范,挑战他们的深层价值观(他们可能以为作为教育者应理所当然地遵守规范)。作为教师,我们当然不想令学生生厌,不希望他们困惑,不想让他们对我们不满,不想他们在背后说我们的坏话,尤其是在我们同事的面前说我们坏话。然而此类事件在这个课程的前半阶段(最初4周或6周)多多少少会发生。忍受这种状况十分困难,坚持"学生最终会因受到的挑战感激你"的信念也十分困难。

但是,与案例教学法对教师的挑战相比,这种需要还是次要的。教师的压力来自他们须在谈话中时刻保持清醒头脑，而这种谈话常常像炸爆米花一样——要在100名学生中发生碰撞。我承认我有时并不清楚正在讨论的内容与本周主题有何关联，这时我就会直截了当地询问谁清楚这种关联。不过多数情况下，我对领导学理论、课程概念及课堂上的变化趋势了然于心，因而可以在学习过程中，在理论与实践之间建立紧密的联系。这意味着我不得不根据当时的教学内容调整教学进度，有时甚至会比教学大纲提前两周。另外，我还要灵活设计课程框架，而不是过分死板地遵守教学大纲提出的要求。

适应性领导学教学最需要的就是能在学习过程中持续进步，激发解惑的热情，同时还要保持清醒和灵活应变能力，准确地说，这也是适应性领导学最需要的能力。如此看来，这种教学所要求的不仅仅是勇于试验的愿望，似乎还有更深层次的目的和激情。是什么促使你投入这种教学的？

这种类型的领导学教学，其实是一种帮助人们采取行动、拓展自身能力的过程，同时还能在个体层面、社区层面及更广阔的社会层面为他人的生存作出贡献。这个世界充满不必要的痛苦，我感觉自己似乎仍是一名医生，正试图帮助人们生活得更幸福——帮助他们疗治伤痛，希望他们能创造出更健康的生活方式。领导学就是一种独特的方式，承载着人们所共同参与的群体活动，并且帮助人们在应对自身环境和时代挑战时不断取得进步。我想帮助人们通过构建更有效的领导力来创造更美好的世界，毕竟这个世界充满了不必要的痛苦。

海费茨提到"不必要的痛苦"时，实际上在说识别适应性工作的标准及评价进展的标准应当包括对"不必要痛苦"的程度的关注——不管该人正准备领导一个组织，还是一个社区，抑或整个社会。在一个充满"不必要痛苦"的世界，不论哪个社会领域，都需要能够积极投身公共利益事业，并随时准备为其增砖添瓦的人，而这种领导学教学模式似乎对培养

第七章

这种领导素质尤其有效。[2]但是,领导学的可教性依然是个重要问题。除罗恩·海费茨外,还有什么人能够使用这种方式进行领导学教学?这将是我们下面讨论的话题。

第八章　同一种方法，不同的教师
——领导学教学方法的可转用性

许多问题围绕着勇敢讲授适应性领导学这一实践型案例教学法，其中之一便是该方法的可转用问题。可转用问题分两个方面：第一个方面在第六章已有讨论，主要关注这种学习能否迅速转化成专业实践；本章要讨论该问题的第二个方面，即该方法除罗纳德·海费茨外，能否为其他教师有效使用？

当然，挥之难去的问题是：在开发这种方式和教学方法过程中，不正是海费茨个人独特的背景起了至关重要的作用吗？他接受过科学、医学、精神病学以及群体和家庭治疗等方面的专门培训，还接受过专业的古典音乐家的指导，拥有一批赖利·辛德那样的顶尖研究伙伴，奋斗多年后才建立并实践一套你中有我、我中有你的领导学理论及教学方法。因此，是不是可以说这个方法是一种独特的、个性化的、有赖于人格魅力的方法？其他人能否掌握这种方法，忠实地使用这种方法，并取得相对满意的效果？这种方法能否在完全不同的环境中使用？或者说这种方法是否最适合大型职业学校，是否主要利于在职专业技术人员？是否可以仅仅采用大班化教学？

现在，已有证据明确有力地证明其他人也能以相同或不同的教学形

第八章

式在类似或迥异的背景中运用这种方法的基本内容（指思想框架和案例教学法）。没人能克隆海费茨，也不应提倡克隆海费茨，不过现在已有许多人（本章我们将取 5 人为例）很好地采纳了这种方法，并按自己的风格、环境和工作任务将该方法有效地运用于自己的职业中。这些人中既有教师、顾问，还有教练。

作为一个群体，他们证明此方法也能为那些没受过精神病学或音乐方面培训的教育工作者所使用，这些人代表着广泛的背景、兴趣与利益，他们个个给这项工作带来不同的风格，人人为这项工作贡献自己的才能。不过，似乎真正重要的是他们都想：(1) 知道如何更好地实践领导学教育，以更充分地代表群体共同利益，解决系统性的变化；(2) 充分尊重个人成长与发展历程；(3) 愿意承担一种工作模式，挑战自己及他人有关教学的设想。然而，他们都用与自己独特性相谐调的方式采纳这种方法，并将这种方法置入代表不同挑战与机遇、失败与收获的其他背景中。

他们有助于解答的可转用问题包括：任何人都可把同一门课上出类似效果吗？这种教学法的使用是否有性别差异？这种方法能否用于不同时间框架，如简短但极其重要的咨询时间框架？这种方法是否适用于较年轻的学生，如高校本科生或其他领导学开发项目？

攀登珠峰

迪恩·威廉斯是《真正的领导学——帮助人们与机构面对最艰难的挑战》(*Real Leadership: Helping People and Organizations Face Their Toughest Challenges*) 一书的作者，与海费茨轮流在肯尼迪学院 PAL-101 课[1]。他用实质上相同的课程设计和案例教学法概念框架来讲授同一门课程，同样取得了极佳的教学效果，在学生评教中得分很高，从而具体证明了这种教学方法并非是特殊的、有赖个性的方法,而是一种能为他人所用的智慧和能力。不同的是,迪恩在教学实践中,把个人才能与想法融入工作及工作的全部进程,比如他特别强调助教教务会议,认为这种会议相当重要,对助教及他本人而言都是教学生态体系中一个集中而精细的场所。他用以诠释教学工作的一个主要观察媒介是勇气与谦卑这两种明显的矛盾混合体。在另一门相关课程中,他尝试用一种不同的形式和时间框架,还将一种与海费茨截然不同的背景带入工作。

迪恩·威廉斯在澳大利亚长大,曾在夏威夷和日本生活学习,后回到澳大利亚在一家大型煤矿工作,两年后由于组织变动,他到新加坡负责新加坡国家生产总局下属的领导学与组织发展项目。为寻求与亚洲国家领导学开发相关的理论支撑,他到哈佛研究生院教育学院继续博士学位的学习。当时,他感觉这种教学方法是解决自己从事但未曾研究过的重要实例的一种有效途径。兴趣盎然。

迪恩记得:

> 来这里的第一天听人说:"肯尼迪学院有门新课程,课虽难以理喻,但你应看看去。"于是我报了名。第一天上课我就意识到这门课有多重要:现实清清楚楚地摆在面前,不由得你不去研究、处理、解决。一方面,在我早先的经验中,有太多内容涉及棘手的领导学、变化及人际关系问题;另一方面,我深知一个非常美国化的方法,即"积极思考,组织团队,勇往直前"。两方面都提供了大量策略,但没有一种针对复杂社会体系实际情况提出的切实可行办法,比如新加坡的自然、历史、派系内讧等。又如为什么五六十年代会出现街头暴力?为什么李光耀的手腕有时强硬,而在其他事情上则采取放任自由的政策。[2]
>
> 我开始看到如何理解群体(即或大或小的家庭、组织、国家)力量和性质的方式,以及每当大家想大干一把时那股飞旋

第八章

于任何群体之下的无意识力量。抗拒工作以及暗杀、颠覆与排斥等动力,都是无人能恰当处理好的人类行为的阴暗面,因而我说:"好,来看看吧。来这里不就是为了学习这个?学好这个很重要。"

修完博士学位后,威廉斯到夏威夷任教,几年后重返肯尼迪学院学习行政管理课程——领导学发展的艺术与实践,这是专为顾问、教育工作者和专业人士开设的一门硕士课程。后来,他获邀教 PAL-101 课。现在,已成为公共领导学中心的教员之一。

迪恩对领导学所需的谦卑与勇气十分尊崇,且毫不掩饰,这在课堂互动中发挥了很好的作用。例如,秋季学期开学没几周,马戈(Margo)举手,迪恩朝她点了点头。

"我不想改变主题,"她开口便道,但迪恩立即打断她,"你得大声说出来,马戈,让后排的同学听见。"

马戈继续:"我们一致认为听得清楚很重要,这很好,但不好的是班上打搅他人发言的现象十分严重,我想正因为如此,很多人才闭口不语,而打断别人的往往总是那么少数几个人。也许他们情不自禁,可总是打扰不断。所以,当小组请被打断的同学发言时,他们常常摆手拒绝。"

迪恩答:

"是的,这些都是变数,而我们要面对的就是各种各样的情绪。人是很脆弱的,所以这门课的一个挑战就是把自己锻炼得更坚强。如果担心讲话被人打断,就别学什么领导学了,更别想着怎样去参与了。我的意识是说,如果你想表达自己的意见,那就到屋外跟星星说,但那样做打动不了任何人。把自己置之死地,或像多年前有人说过的,'我穿越过死亡的阴影之谷,不再畏惧妖魔鬼怪。'嗯,它或许是个狰狞的地方,但恰好是你常要鼓动人们接受艰巨的适应性挑战时须做的。在这里,你每一秒钟都在为可能受到的伤害做准备,这种地方实在不太美好。"

马戈继续道:

"但是,怎么做呢。假如你是领导者,正率领一支团队,你能保证……"威廉斯再次打断她的话,说:"如果你是领导者,正率领这支团队的话,这支团队的队员会杀了你。"

马戈道:"是的,可你如何保证少数人的话能被听见——我们想保护他们,而别的派系会打断他们,让他们闭嘴。"

迪恩肯定道:"是有这么回事儿。想想看,教室里谁是你的伙伴?总有太多的事情,凭一己之力是做不完的。谁会保护那个观点并保证把它搁到桌面上来?即便你遭到反对,别人与你观点不一,也不要一时否认他们不是你的伙伴。实际上,他们的反对意见对你大有好处。这里有许多人发言过后感到害怕,觉得'没人听见我说的话,没人听我'。他们感觉自己像隐身人,十分伤心。其实,问题只是无人知道该如何作出评价,参与进来,给评价声音,给评价双翅。寻找合作伙伴的机会随处可见,或许因为太容易,我们才不易与自己派系的人组成伙伴关系,就像在阳台上那样。"

盖林(Gaylin)问:

"是否应该开诚布公、直抒己见?我可以想出一些有可能伤害这些人的话。"

迪恩答:"或许你会有很多话不愿说出口,因为小组对此没做好准备。所以难点就是,如何催熟一个问题?有许多方法可

第八章

用来开始这种准备,明白吗?如果你只说自己的想法,那我们会又一次丢失这一准备机会,会陷入一场乒乓球混赛。你需要再策略一些。"

课后,迪恩进一步反思这次教与学过程中的谦逊与勇气:

该课程要达到的效果是鼓励思考与写作(即问卷与论文),你们必须深入挖掘,才能理解团体、课堂与你自身目前情况的进展。本课程强迫你们谦卑地看待问题,这有些不同寻常,然而教这门课几年后,我注意到谦逊的人才是学到东西的人。学到东西的人面对挑战时谦逊而不屈膝。

同时,本课程要求学生有足够勇气提出真正的问题,陈述自己的观点,与任课教师互动。曾有学生学期末找到我说:"整个学期我来了三五次,看见您在办公室,但没敢敲门。"对很多学生而言,教师不是他们蔑视的对象,就是他们崇拜的偶像,学生不知如何像与平常人一样与教师打交道。因此,在本课堂里,你会欣赏能使人超越阻碍和距离、与人打交道的勇气,而那些终于敢"敲门"的学生获得了突破性的经验,可以用新的方式采取行动。

同样,教师也需要勇气挑战一个群体。你为群体提供的知识可能有90%是无用的,所以你的任务是看余下的10%是否紧要。如果无关紧要,是否因为我,或者因为学习领导学的这一模式?可能两者兼而有之。但这一模式是深刻的,因此"我是谁"这一问题不过是该模式中的"香料",能清楚这点,就能抗得住英雄综合征。

为抵制英雄综合征的诱惑,迪恩靠的是与助教建立起伙伴关系。他说:

用这种方式教学，你需要得到帮助，就像尤利西斯与海妖的故事那样。海妖试图诱惑他，于是他让船员把自己绑在桅杆上，这样可以听海妖唱歌而无性命之忧。每个正在尝试实践，并以应对适应性挑战为目的的领导学的人，都需要同伴"把你绑在桅杆上"。

当然，助教需要在学习过程中学会如何负责地行使自己的权利。我像上大课一样训练助教。我与他们探讨课堂上发生的事情，问他们为何这样而不那样做，问他们何时才能真正起到助手作用。这样他们开始认识到，如果不亲自参与我的活动，不提出自己的观点，我便无法了解情况，就会被踢出局，那么这个群体就不能再学习领导学这门课程，而本课程传授的就是如何解决棘手问题，一旦他们明白就好了。

与我一起工作，助教可能确实比较难熬，但这于他们于我都是难得的学习经历，是另一种教学领域。一般情况下，我一学期要与助教会面20—30次，因此也许在见到第12次或者第15次时，我们才触摸到那一空间，然而学期前1/3的时间则是一段艰难的旅行。

当我请迪恩进一步谈谈这种教学方法最具挑战之处时，他重复了海费茨的话，同时提出另一种形式的挑战。他谈到自己通常在课程之初感受的压力，因为总会有学生向指导教师或其他教授抱怨这门课：

如果这些同事新来乍到，他们会说："是的，这样做太蠢。"但见到某个经验丰富的项目主管，他们会说："是的，那门课挺难上的，不是么？回去上吧。"忍受自己同事的变数并非易事。

接着，迪恩把话锋转向自己教学经验的核心部分，说：

由于要应对的事情本质上十分深刻，我常常自觉力所不

第八章

及。有些学生打算走出去尝试在社会中做些事情,使学校、国家或当地政府发生积极变化,诸如此类的强大挑战总等着我去面对。说实在的,我不知如何改变这个世界,亦不知如何发挥领导学,如何做常胜将军,因此难免会有疏漏,这些疏漏只有在每周构建框架和处理情况时才会有所发现。我的自信仅仅源于我有能力与这里发生的事情进行角斗。甩掉过重的问题,丢掉险恶的冲突以及希望,我就能轻松地与大家一起共同求索。

三年中,迪恩还教过一个时间更短,为期仅6周的课程,这门课专为公共政策专业的年轻研究生而设。虽然课程"进展不错",并深得好评,但他仍不满意,因为时间之少,且无助教,气氛因而不够浓厚。"在为期较长的课程中,学生可以攀到珠峰峰顶,然后安全返回。而短短的课程里,你只能让学生到达大本营后再回来。我喜欢待在珠峰上。"

"攀登珠峰"象征着这个方法渴望达到的目标,及可能产生的潜在结果。迪恩·威廉斯用自己的教学证明:其他教师也能参与进来一同攀登。本课程的概念框架、课程设计、案例方法可以通过另一位教师的人生与实践忠实有效地得到传授,这样的教师不可避免地往往又有效地将这一方法运用于正在进行的实验与开发活动之中。

另一种力量

这种教学方法吸引温·奥图尔(Win O'Toole)的注意时,她正在寻找一种教学方式以加深其作为教师内心深处的正直和求真精神。她的故事汇聚了可转用性的三个关键挑战:如何运用框架实践应变艺术;如何适应变幻不定的环境及各色人等;如何考虑性别差异与种族差异。

在教了多年的初级与中级水平的学生后,温具备了特殊教学技能,于是决定攻读博士学位,因为她想给整个教育制度带来变化。当时,她离开校园已经很久,且有三个年龄尚小的孩子。

  我有些害怕,因为你能感觉得出你需引入这种教学方法的水平有多高,但是我立即被吸引了,感觉就像"它是我一直在思考但无法用语言描述,也无法与人分享的东西。"对我而言,这感觉就像是换了一颗心脏,如同我儿时做过的心脏手术一样。

听我询问换心脏的事,温描述了内心真相的发现过程:

  我想这就像充分发挥了你的全部能力和权威一样,就连"权威"恐怕也不能充分表达其中意义。它能够以你的,同时又以能成功完成任务的方式及以学生自己的方式与大家互动。这是一种方法,可掌控群体与权威功能,同时又制造互尊互重的关系,而非领导与被领导的关系。我以前从未目睹过这一结果,也许正因为如此,我才非常渴望学习这种方法。我原认为自己必须强大起来才能面对严峻的挑战,这意味着得关闭心扉以便有所成就。现在我发现,如果能敞开心扉并富于同情,就能更好地面对挑战。不过,我仍然不知如何在做到行之有效的同时,又能做到心胸开阔。

温坦承:

  做助教时,我有一种错误的自豪感,其实自豪很重要,至少对我的同行而言来说是这样的。这是一个尝试我学到的有关权力与角色内容的大好机会,可以学习如何演好个人角色,而不至把自己与角色相混淆。我知道自己无法同罗恩一样干预课堂进展。一天,我俩一同步行着去上课,我问:"你怎么做到的?"他答:"这是场实验。我干预,尝试,就像做测试,看看会得出什么结果,并根据结果决定下次的活动。"我深受启发,开始将领导学与教学工作看做一个过程,着重内在尝试和实践。

第八章

  确定领导学教学为自己今后的道路之后,尽管仍在进修博士学位课程,温终于有机会能够决定在哪一点上实践这种教学方法了。她的初次机会是为克拉克学院80名在职以色列学生(其中包括2名巴勒斯坦裔以色列人)开暑期培训班。这些学生中有些与她年龄相仿,儿子在部队,自己则从艰难的挑战中幸存下来。她说:"没有助教,只有我一个人上一个班的课,包括小组讨论,一周4天,从上午9点到下午1点,共6周。你可以想象第一天我多紧张,几乎一开口就听人说:'听不见你在说些什么。'我说:'那么,你得使劲听。'当然,我也在调整自己。慢慢地,我越来越适应,声音也越来越洪亮。"

  温的第一个案例陈述者曾服过兵役,后来做了某所学校的校长。他讲的是10年前自己的一个学生在操场上的自杀事件。每次提到这件事,他总认为自己该负全部责任。然而,后来将这个领导学方法框架运用于他的小组及大班时,他开始用一种多层面的视角看待这起事件。温说:"我原来想,好吧,我得来这个群体。我不能在自己的自责中徘徊。"这证明了适应性领导学导向中心为何也是适应性教学导向中心。

  考虑到这种教学方法对初次尝试案例教学法的教师的难度,我问她这种方法是否需要耗费大量精力,她立即答:"绝对需要,但是随着时间的推移,需要的是一种不同的精力。"早些年,她更多地考虑如何学习框架,如何准确教学,认为自己把海费茨《领导一点儿也不轻松》读了10遍。"我必须不断地阅读再阅读,以便将所有概念融会贯通":

    开始时,为了讲解这些概念,我上课时常随身携带教学笔记卡片。有一天,卡片滑落,等我再拾起来时,顺序已乱。显然教学卡片没用。卡片曾是我的拐杖,但我不得不摆脱它们,越摆脱,越发觉"这样才能更好地教学,这才是使用这种教学法的真正途径。"框架真的必须被即兴使用。

  接下来,当考虑内在生活与外在行动间的关系意识(即这种教学要求的"存在"性）时,她继续道:"现在我的精力流向两个领域:一个是内在的（我得扩展并深化自我认识）,一个是外在的（课程、模式或相关理论）。综合做人与做事、付出与收获、思考与行动,是一个持续的过程。"

后来,她把这种方法运用到另一种背景与格局中。在波士顿马萨诸塞大学工作的 6 年时间里,她讲授"领导学研讨"这门课程。该课程为期一学期,每周一次,一次 3 小时。上课的 20 名学生都曾在自己的社区学校实践过领导学。他们围坐于大桌旁,温坐于桌首。虽然背景与肯尼迪学院截然不同,然而不变的是学期开始时总会有学生质疑教师的权威性,想取代温坐在桌首。作为一个实例,这将为思考领导学实践中权威的角色与功能提供很好的佐证。温说:

> 带 20 个人与带大班截然不同,此时群体更易控制,我发现自己更富创造力和经验了。我们学习如何加深彼此的了解。如果你善于观察,学生也善于观察,围坐在桌边时没有什么是看不见的,无处隐藏。我常用笑话控制这个群体,我不吓唬他们,因为他们在桌边本已感到恐惧。我只是想公开这种恐惧。

她没把学生分成小组（她至今仍在质疑这一决定）,整个学期也仅布置 3 次问卷调查作业,部分原因是没有助教帮忙批阅,部分原因是这些在职生刚开始博士学位的学习。她留意到学生最关心的是学会并与别人分享艺术文章的写作技巧,而如何判断这种技巧会让人分心,并使该工作黯然失色（学术文章本质上需要"思考性写作",而非"学术性写作"）。

不出预料,那些年龄从 25—55 岁不等的学生中普遍存在不系统思考与分析的情况,而一旦他们能够陈述自己的领导失败经验,便可以开始学习如何更系统地思考。

一些对此方法熟悉且持传统性别角色思想的人认为,女性很难使用这种领导学教育方法,因为这一方法需要付出大量精力、力气,并且要求

第八章

使用者乐于接受挑战。我问温如何看待这个问题时,她明确地答:

> 从这种方法中我学到了两样。一是要知道人们因你的性别、种族、地位等而对你形成的认知(及你代表的问题),二是要知道如何策略地使用你的不同身份。男女之间存在着平衡——你得用尽可能适合的方式做你自己性别该做的事。只要愿意,这种控制团队及应付不同人与派系的"力量"就不会是我们常用以区分男女性别的力量,而是一种面对不确定因素时的镇定与泰然,如同佛教的现世观一样。每个人都可以通过学习成为自己想拥有的那种力量。要知道,男女按不同的经验,管理着不同的恐惧。

温也把这种方法纳入到别的文化当中,如她曾在加沙地带与约旦河西岸地区进行教学及相关研究。作为爱尔兰裔美国人,爱尔兰对温的想象与工作提出了特殊的要求。在她访谈过的爱尔兰人中有一位市议员,此人一心一意致力于北爱尔兰冲突的解决(甚至在背部中弹之后),因为他深信领导学实践能"帮助人们看清矛盾,明白什么才是所有人的真正利益"。海费茨将之描述为"识别标识适应性工作差距的信号。"与这位令自己感动的市议员及其他人一起时,温意识到自己的访谈本身与其他小组活动步骤一致,是在满足人们就"他们绝望看待各种人际关系"问题进行讨论的需要,在满足人们思考自己领导学实践经验的需要。在写给哈佛同事休·奥多尔蒂(Hugh O'Doherty)博士的一封信中,她说:"你得回到这里。"

为何教领导学?

出生于北爱尔兰科尔雷恩(Coleraine)的休对"这里"很熟悉。他当初如饥似渴地来到哈佛——"我贪婪于任何可以处理北爱尔兰问题的方法。"在肯尼迪学院成功教授PAL-101课的同时,休也论证了这种方法的完整性与可转用性。与迪恩将自己特有的勇气与谦卑一样,温将有效真实性的渴求带入到教学工作中,休特别关注目的,也在现实案例的学习过程中运用了这种教学方法。

这种学习领导学的方法最初吸引他的是其新颖的多系统角度及其互动方式。"这非常有助于思考,不仅思考我在北爱尔兰的工作系统,也思考我在该系统中作为一个组成部分的角色。我实际花了较长时间探索概念框架,但早先我仅凭直觉理解。"

在攻读博士时他做过助教,他说:"我能识别3年期的变化模式。每个群体都从最初的紧张、愤怒、绝望到看到曙光这一过程中学到了自己的方式。"不过,正是揭示权威力量的这个方法,引起了他本人默认环境的变化:

> 对我而言最重要的一个方面,即我生活中的隐藏面,是我无法与权威人士工作。离开北爱尔兰后,我所知道的只是完全屈服于权威或试图偷偷摆脱权威。对我而言,学会与权威组成合伙关系(如同助教与教授一起工作那样)非常困难,非常有挑战性。一旦我开始明白这一点,就开始改变自己在这一问题上的行为,但我不知自己在这个问题上有多弱。
>
> 然而在课堂上的这一刻成了我的重大转折点。在我做助教的第二年,班里有个学生开学时坐在后排。他很爱挑衅,常用言语攻击教师,但每周他都会朝教师所在地挪近一点儿,终于有一天他走向海费茨并拥抱了海费茨。当他起身冲上讲台时,我正在教室后面,胃紧张得都痉挛了。当天半夜醒来,我想这类事情有可能向另一方面发展——他完全有可能在拥抱教师时轻易用刀行刺,而此时最无能为力的正是助教,因为我们站在教室后排。对我而言,这是一个意义深远的瞬间。我意识

第八章

到"老师聘用了我,确信我在这门课上会配合他",并非由于我会盲目地支持他所做的一切。想到这儿,仿佛一盏明灯在面前点燃。第二次课上我坐到了前排,这个举动显然对班级、教师和我本人都产生了深刻影响。我作出了一个前所未有的承诺:"我要与这位权威人士结成伙伴关系。我要保护他。"这是我平生第一次与一个有权力的人缔结关系。

仍在攻读博士学位的休,把这种新能力带入与自己最相关的活动领域,与北爱尔兰已经或将要掌权的人结成伙伴关系。要知道,北爱尔兰可是被许多人视为一种冲突难除的地区呦!他创建了北爱尔兰群体间关系计划,与其他 3 名同事一道,将 7 名民族主义者和 7 名工联主义者汇聚在一起。事先,他与每位参与者交谈,把适应性工作当做不得不提的问题,问:"我们能学会怎样找出路吗?"

每个人都同意隔 4—6 周在周末见一次,一共见 6 次。参与者所持的理念不同,但都认同基本的框架:(1)我们如何定义该问题?(什么是适应性工作?)(2)每个团队须解决的需求、关心的事情和恐惧的问题是什么?(我们如何步入阳台解读各派系及这个系统?)(3)在考虑各种需求、关心的事情和恐惧的问题时,我们会做何种抉择?(我们将作出什么样的干预行动,阻止目前的臆想,鼓励学习?)(4)这个团队愿意将何种干预行动引入北爱尔兰政治决策过程?(这些人能帮助人们超越默认环境,发现有建设性的新的反应与行动模式吗?)

由于说过的每一个字都录了音,所以每当遇到挫折时,他们可以就一些对话片断反复听、反复思考,检查每位参与者如何解释"现实"。休回忆道:"这样做,有助于我们看到我们的小群体在如何反映较大群体的问题。"

在此过程中,休从这个方法中引入了一些关键原理,包括承认自己在与适应性挑战格斗,与权威与领导学之间的差异斗争。休说:"这很重要,因为很多人已经或者将在其政党议会中掌权。"该框架另一重大特征为"耐热性",即彼此待在同一房间里,尽可能发现自己还能做的事情;"将自我与角色区分开来",因为每个人对房间里其他人而言都是永远的敌手;"将工作交还给群体",这对于北爱尔兰这种地方来说尤其重要,这里的人需要学会解决问题,而不把希望寄托在外来第三方身上。休说:"这才是我最基本的目的。"

后来休受邀回肯尼迪学院讲授 PAL-101 课时,跟海费茨与迪恩一样,因教学出色上了院长表扬名单,"但是最初由于这门课太有名,而我尚不出名,不由得恐惧。"当我鼓励他谈谈自己与海费茨等人的教学方式有哪些不同时,他说自己暂时还不能确定,但他想自己与海费茨的不同可能在于海费茨特别注重权威,而他注重目的。"整个 14 周的课程里,我都在用问题表述,如'你为何选修这门课?为何学领导学?'"

他进一步解释道:

> 就在恐怖分子袭击后的一次班级讨论中,某些学员故意给来自军队的学员制造难堪。后来一个女生冒着公开潜藏问题的风险,开口道:"我认为,现在正在发生的事情以及攻击军人的原因,也许是我们为自己不能像军人那样有明确的目标而羞愧。"我了解到,如果在实践领导学时你将人们带至那种状态,你会反对生命本身的目的,认为精神领域是一种潜在的可怕的地方。在某个层面上,这套观点可能帮人们成为更成功的经理人。但是,当你以一种深化目的中心的方式运用这个框架时,你会不停地问:"你想完成什么?想在什么方面有所进展?生活是为了什么?"这么做时,你就使班级成为一个伪团体。在经过冲突与混乱,身处不毛之沙漠的时候,你真得自问:"我们为何来此?我们真正想做的是什么?"

休告诉我们,有个学期上最后一次课时,一个小伙子走到教室前,

第八章

说:"我和同学们想送您件东西。"休不知所措地看着他手里的填充玩具,好一会儿才发现那是只海豚。学生接着道:"这是您整个学期都在找寻的东西——您的海豚!""那是个美妙的时刻,"休说,"因为这正是这门课程的关键,而我也知道他们已经明白了该明白的道理。"

本科生没有领导经验也可学习领导学

操一口流利西班牙语的阿尔玛·布朗特(Alma Blount)在中美洲从事人权工作多年,后来做了一家泛宗教组织的主管。可是,在萨尔瓦多6名耶稣会牧师(她认识其中2人)与他们的女管家被谋杀后,她走到了人生的一个转折点,感觉自己已被燃烧殆尽,需要时间缓解哀痛并寻找新视角,于是重返美国哈佛神学院进修硕士课程。在弄清自己实践领导学时所作出的挣扎时,她进入 PAL-101 课的学习,不料该课程结束后她做了这门课的助教。

现在她已回到自己的家乡,在杜克大学任特里·桑福德公共政策研究所(Terry Sanford Institute of Public Policy)哈特领导学项目(Hart Leadership Program)主任。在该研究所,她仍沿袭她所谓的传统服务与社会公正传统,从而证明这种教学方法经过修正后仍可适用于本科生。她的目的是帮助本科生培养浓厚的公共责任感、政治参与力以及民主社会里的领导能力。阿尔玛及其同事所教的学生平均年龄在18—21岁之间,其中许多学生主修公共政策,但该课程也吸引了医学、英语、比较研究等专业的学生。阿尔玛说:"大专院校非常重要,就某种意义而言是神殿,对学生的人生影响巨大。"阿尔玛知道,这些学生有关自己与权威的关系以及在团队里的角色的思想正在走向成熟,因为他们乐于提出批判性思想,乐于培养自己的公众身份,乐于培养一种有意义的目的感,并且日益显现出成年人的声音。她使用的这种教学方法同样适用于本科生，而在本科生身上她运用的正是概念性框架及案例教学法。

在教过数轮的"从内部领导"的课程后，她几乎完全采纳了肯尼迪学院的课程设计方案，从头到尾都使用案例教学法。后来她采用案例教学法设计了一门新课程——领导学中的服务机会，即由两门课组成的实习课。但这次她对案例教学法进行了修改，修改前后的相同性和差异性十分具有教育意义。

她认为对本科生需要给予不同的关注度，因此采取小班化教学，有时将人数限制在15—20人之间。她把学生分成小组（通常5人一组），要求他们每周独立聚会一次，一起完成与该周主题设计有关的作业。她不要求学生借助自己的领导失败经验，"因为他们还年轻，一直忙于学习，且认为领导者就是学生会主席，总之得有个一官半职。他们没有足够经验在棘手问题上取得进展。"然而，如果学生想谈校园问题，比如酗酒问题，比如与校服制作有关的黑作坊问题，她就把这个问题融入班级讨论中，使这一问题为学习领导学艺术添砖加瓦。

较具代表性的是，阿尔玛要求学生凭自身经验用其他方式学习，在课堂上她采用的就是修改过的案例教学法，即分派学生预先阅读与写作，课上演示材料并用启发性或挑战性的问题激发学生讨论。她也要求学生注意事物发展的潜在趋势。"别总想着提些完美问题，"她向学生发难，"别总想着做轰动全班的表演秀，这对你们而言太难，所以只需关注如何展开交谈即可。交谈时别太专注自己的职位，因为一旦这样，就不会注意交谈内容。请专心交谈。"

阿尔玛说，开始只有几个学生了解这种教学意义，后来又有几个明白了，到课程快结束时几乎所有人都"开窍"了，这意味着他们都开始意识到何为适应性工作，发觉利用小组里正在发生的事情及理解妨碍工作的阻力与障碍是需要技巧的，开始看到有些办法可把注意力转移到工作上，并将工作交给需要做的人。阿尔玛说，学生们发现"领导学是群体的

第八章

财产",随后又感叹道:"当然,在探索的道路上学生会迷惘,我不知道我为何要这么做,不过这门课程最后获得了超出想象的好评。"

她认为这种学习方式需要时间,因此把"领导学中的服务机会"项目设计成12个月一轮的课程,春季开始教25人的一个班,夏季学生去社区实习(分散在匹兹堡、纳米比亚等情况复杂问题棘手的地区),秋季接着进行后续学习研究。换言之,因为带的是领导实践经验不足的学生,所以她创造经验,从而为他们将来从事领导学实践所需的反思及分析积累经验。与此同时,通过广泛的研究、阅读、课堂陈述、讨论以及案例学习,学生学到了适应性领导学的大体框架。该研究计划的最后一部分是运用适应性领导学框架分析一个社会问题。

阿尔玛将"框架压缩成四个关联问题":(1)何为适应性挑战?(2)关注需解决的问题时应采取何种策略?(例如在此问题上教师会鼓励学生思考冲突的爆发,及如何利用冲突凝聚注意力?)(3)如何调节学习过程中的压力?(环境是否可以掌控?如何规划工作节奏?如何利用权威资源?)(4)用何种方法将工作交还给群体?

阿尔玛告诉我们:

> 学生刚来时总以为自己是超级明星,认为自己无所不能,认为这种华丽的语言很可笑,并拿这种语言开玩笑,但是他们慢慢会深入这种语言,并使用这种语言。我始终在想办法如何使这种语言为学生所用,例如在他们能领会适应性挑战前,我会先问:"问题是什么?"要是不首先看出眼前问题与适应性挑战间的差异,他们以后听课就会犯糊涂。他们花去大量时间思考这个问题,很快就拿出答案:"不只是一项适应性挑战,还有很多适应性挑战,一层叠一层的。我们如何找出需要解决的那个问题?"我答:"不知道,这是你们的事。你们得挑出目前最重要的问题进行解答。"

这样，他们离开我回到各自的小组，花费超出要求很多的时间进行寻找，因为他们知道自己就要在同学们面前秀上一把了。

阿尔玛用这种方式既把任务交还给学生，又深化了自己有关学生对可发展之处及对自己巨大力量表现之处的认知。

学生最易掌握的框架要素是阳台与舞池的暗喻，她用这一暗喻作为一个基本手段，鼓励学生建立系统性批判思维，帮助他们完成从权威控制的知识向依靠内在知识的转换：

在这门课程的初始阶段我就向学生们介绍过这对暗喻。起初，他们以为我在比喻距离，所以想："好吧，你在舞池里，接着上阳台，就这样移动。"我说："嗨，这可不是丈量距离！你们身处事情的发展过程中，不过你们有一个心理空间可使你们在行动中看到更广阔的四周，从而理解正在发生的行为模式。所以说，这并不是要求自己动起来，而是换种方式进行思考，即在冲突中看清一切。"他们挠脑瓜，看来真的不明白，但接着开始有所领悟。他们告诉我这方法极其有用——不仅在课上，在生活里亦是如此。

在"书信之家"暑期实习过程中，阿尔玛布置了一项作业，旨在鼓励学生在实习中发挥自己对经验进行批判性思考的能力。作业的指令是："认真思考自己的所爱，更认真地思考自己的所不爱。"不仅鼓励他们说，还鼓励他们写出可具体、清晰、生动展示人物与事件的故事。这样，学生们学会了如何用写作表达强烈的情感，同时也学会了如何在行动中思考自己的思维与交流模式。不仅如此，他们还发现了释放自己真实声音的方式，以及书写自己亲历事实的方式。阿尔玛将这项作业描述为"志在一项公开目的的私人活动，是领导学开发过程的一个基础组成部分。"

第八章

紧接着在秋季学期,学生每周写500字以帮助自己:(1)从围绕本周政治主题所进行的阅读和思考中开发出一个公共观点;(2)用能唤起班级讨论的一种报告及情感方式进行写作。阿尔玛每周选一篇文章交班级讨论。于是,学生们开始学会如何展开自己的观点,如何与持相反观点和价值观的人进行激烈辩论。这样,课堂便成了学习过程中的实战基地。

用这种修改后的案例教学法,阿尔玛深入课堂,了解到自己想要讨论的话题,同时也准备好如何回应群体中出现的任何问题。阿尔玛把使用这种教学法的教师称为乐队指挥兼众多乐队成员中的一个。上课期间的一段时间里,她会在讨论过程中高举双手,一会儿指着一个学生,一会儿指着另一个学生,然后自己"独奏",一会儿接着又是学生大合奏。这么做通常包括故意提出一些会遭到反驳的问题,这便要求她对反驳意见作出建设性反馈——"用一种常常令学生不自在的方式搅局",同时用一种可信赖的方式将小组成员团结在一起。

例如一位热衷于劳工问题研究的女生常反对领导学这一概念,会尖叫:"我从未想过要做领导者或者什么权威,这个问题与我无关。"阿尔玛回答:"那好,你读过海费茨著作的第一部分吧?你得承认与你关注的问题相关的是,你已经'在不用权威进行领导了',注意我没用'领导者',我谈的是'实践领导学'及用什么来发挥作用。"见这位女生谈问题时总倾向于打擦边球,阿尔玛会打断她:"一点效率也没有。"这个学生对此十分不满,但一学期的课程下来后,她开始倾听,而且不像以前那样武断地陈述观点了,并且还尝试着用不同方法推动小组讨论。就这样,阿尔玛致力于寻找各种方式,让学生知道"激情需与有策略的智慧相结合"。[3]

在秋季学期快结束时,学生们就自己的社交问题与研究主题草拟了一份政策备忘录。这份作业有助于他们培养解决问题的技能与决策判断能力。同政策备忘录一起做的是一个关于改变问题中系统或结构的领导策略总结分析。通过使用适应性领导学框架,学生们被要求系统地看待问题,确定需改变之处(适应性挑战),推荐有待进一步提高的人员名单。

阿尔玛要求学生在班里陈述自己的工作,"控制群体"达 30 分钟,还要学生学习她在肯尼迪学院歌咏课上学到的知识,要他们明白,控制一个小组并非简单的公开演讲或鼓动活动,不是制作华丽的幻灯片。"我希望他们学会质疑问题,知道如何培养能力,学会如何上升到更深层面。"她的一个学生回忆道:"这比我想象的要难——我过去紧张时身体往往来回摇摆,使人们不去注意我的讲话内容。"后来,学生们常引用一个同学的话:"后续课程太难,得做大量工作,评分也很严格,但我学到了很多。"[4]

他们已尝试了一切

阿尔·普雷贝尔(Al Preble)从未在肯尼迪学院上过 PAL-101 课。这位企业家在夏威夷创建了多家企业,赚了一些钱。当时,他正寻找能给人生以更多意义的东西,所以去听迪恩·威廉斯上的一门课。迪恩那时正在夏威夷采用案例法教适应性领导学课程。迪恩与普雷布尔都是冲浪爱好者,课间他俩在海滩碰头。虽然阿尔后来去哥伦比亚大学学习,但仍与迪恩保持联系,并在迪恩返回剑桥大学后参与了他的工作。与此同时,通过观察为美国电话电报公司做顾问时的海费茨,阿尔熟悉了这种方法。

现在,阿尔是一名成功的组织顾问兼高级职员培训项目教师,主要给财富 500 强企业的中层经理或副总裁上课。尽管他已获知几种理论方法,但基本上仍沿袭从威廉斯及海费茨那儿学到的教学框架及模式中的几个关键概念。他发现自己经常使用的概念如下(他是这样命名

第八章

的）：

技术问题等同于快速修理，适应性挑战等同于变化，两者相比需要理解：

- 股东分析（"比萨饼"），
- 催熟这个问题——获得相应的关注度，
- 约束与冲突，
- 怠工机制，
- 区分自我与角色，
- 步入阳台。

接着，从自家阳台栏杆上想象公司场景。他补充道："太多人跳舞把自己跳到死。"

与其他重视这种方法的顾问和培训师一样，阿尔面临的挑战是与学生在一起的时间相当短暂——几天甚至更短。所以必须识别自认为有力且有意义的方法如何能在时间紧的情况下把问题说通透。

也有做类似工作的人说："这些说法感觉很好。"但改变默认环境却是另外一码事，阿尔承认："人们正是在凭自身经验学习时，才感觉概念和语言是真正活的，才开始有办法给自己以前难以名状的经验命名，才找到方法看到新的行动可能。"这样，我们再一次听到这样一种信念：通过自身经验和案例教学法，人们能更好地学会这一框架。

阿尔常将自己的工作分为3个阶段：（1）过错与陷阱（头脑犯错且效率低下，以及重复的行为模式）；（2）个案研究（一种自身工作形势）；（3）周一上午（重回日常工作环境时会做些什么？）在每个阶段，他都会使用框架与案例，这在第二阶段——个案研究阶段最为突出。

在5—15人的小组，阿尔请学员找出目前存在的最具挑战性的工作，阐明其风险，接着要求学员想象并说明自认为在此种情况下能起促进作用的干涉行为。当学员们谈出自己的想法后，阿尔鼓励他们扮演角色，以帮助他们感受干涉可能起到的作用。最后发言的那个学员是实际面临问题的人，他必须采取干涉举动。在学员们探究各种可能性期间，阿尔提供框架的相关要素可以作为分析说明情况的方式，他们对此要作出相应的回应。

当我问阿尔对这份工作有何满意之处时，他说喜欢看学员参与自己曾为之尝试过各种解决办法的案例，然后在小组用这个分析与干涉框架解决实例的过程中着手寻找新的行动方式。他说，这个过程使人越来越自信，而这种自信源于看到了更多正在发生的事情，发现了更多的平衡点，并能在潜在反应里形成和拥有更多、更全面的本领。

阿尔训练个人时采取的方法也有些雷同，但他会要求这个人而非个案，"告诉我，为何没人听你的，为何效率不高？"听完回答后他会继续挑战："说一段自己的真实工作经历，与你记得的不愉快经历相比较。"此时，他在瓦解学生习惯的模式，帮他们了解自己最需了解的真相。他说，虽然分析、解释与实验过程类似于他与小组的学习，且确实导致了新的行为产生，但他认为若无小组的存在，这些都是无用的。他说："小组活动极似案例教学法，为学生提供了一方更为广阔的行动、反思与交叉学习的天地。"

由跬步及小面积接触开始

迪恩、温、休、阿尔玛、阿尔都使用完整的或修改后的案例教学法，并为此教学法的实践提供了更深刻的见解。如我们所见，大多数有教学经验并将此方法运用于工作中的教师、教练或顾问都接受了自己的适应性挑战——学会了用新的方式进行思考和教学。所有适应性工

第八章

作都不可避免地成为一种创造性举动,所以这种教学法的每一次修改或每一次发展都对学习有正反两方面的不同影响。比如,倘若这一教学法不加约束地使用(如没有问卷等类似的手段)或使用时间太短,那么发现问题与实践的机会就会较少,改变默认环境的机会也就会较少。试问,那些要用这种方法教领导学的人是否必须掌握每个要素,否则就走人?

对此问题,海费茨答:

可以一小步一小步地进入这种教学模式。可以从一门课或一次教育学研讨会开始,接着可以对小组里发生的事情偶尔做些点评,提出问题,例如假设有学生提大量关于评分或某些结构性问题,或者假设有一小部分学生垄断了谈话,或者突然改换主题,或你注意到2/3的学生目光呆滞,显然已与课堂脱节,你可以中止这种现象。你可说:"如果我们把自己遇到的事当做案例进行研究,你能观察到正在发生的情况吗?或者你认为我该如何对待这种情况?"这样,学生能由小面积接触开始。每隔几周或几天,碰巧注意到不太有成效的情况时,你可以发问,但也可说明你希望学生能知道,并更加留意自己领导学实践过程中那些不太见效的行为。

另外,与助教或其他同事一起时,你还可以听取他们的汇报,也可以询问发生的情况是否可以用以下周的课堂教学,还可以要求他们一起反思课堂上你做得好与不好的方面,以及怎样做才可能产生不同的效果。

要把这种教学法运用于自己的实践,可以一开始就请学生在小组和大组上陈述自己领导失败的例子,同时用这种教学法中的概念作为工具进行反思与观察,根据环境,请他们用框架写出自己的个案。这样,学生可以一小步一小步地掌握这门学习、实践及讲授适应性领导学的艺术。

总之，这一过程就是一个创新过程。

领导学教学其实是门艺术，能唤醒我们每个人身上艺术家的想象力及勇气，承认这一点，能促使人们对神话般的领导力进行重新思考。对流行的领导力神话重新思考可能就是这种教学法所服务的最重要的适应性挑战——也是我们下一章将要讨论的主题。

第九章　如何对待差强人意的领导神话？
——领导学艺术

如人间许多生活道路一样,领导学行为也为生动贴切的暗喻与未加核实的神话所照亮。明确领导学行为,可能是迈向扩大人类可能性及选择余地的第一步。在第六章,我们谈到海费茨及其同事研发出的适应性领导学实践,认为这种活动能改变人类认知和行为,学习效果十分持久,其部分原因是这一活动已为一组精练的暗喻所概括,易于记忆,易于运用。现在,我越来越相信,这些暗喻为制造意义更为重大的改变铺平了道路,有助于流行的领导力神话从英雄型向艺术家型的转换。

在领导学理论家看来,对英雄式命令与控制模式的否定已沦为陈词滥调,而传统观念里的领导者的英雄形象不只是模范,更成了一个恒久不变的神话。

神话不可能是单纯的小说,它是史诗般的动人故事,源自文化,遍及文化,塑造了我们生生不息的文化,集人类理解、诠释与塑造世界的能力之大成;神话之奇在于能使我们明白自身经验,体现出我们赖于依靠并乐于与人分享的意义。神话给我们具定力的形象与故事,能播撒思想的种子,可助益我们理解自己的身份,区别真伪,分清正误;神话解释过去,

第九章

定位现在,塑造我们对未来的期盼;神话定义真实,会乘我们不备将我们一举捕获,将我们卷入一出简单如世事般宏大的神奇里,自身却坚如磐石。所以,改变神话历来都是一项适应性挑战。

当今社会流行的领导者形象,如负责人、首席官员(如首席执行官、首席财务总监)、总统、州长、将军、船长、院长、主任、主席、老板……都取自古老但依旧能引人共鸣的神话形象,如牧羊人、武士、国王。在更现代更流行的想象中,这些力量与威信并重的英雄角色浓缩成为独行侠之类的人物形象(如骠骑兵、蝙蝠侠、超人、特工007、印第安那·琼斯、勇敢之心、蜘蛛侠、魔鬼终结者)。这些形象在美国人的心目中威力强大,魅力四射,融入人们的血液,通过大众媒体出口至世界各地。

尽管独行侠并未具体表明某个管理权威的形象,但在美国个人主义文化中,在我们对各部门及专业领导者的概念中,起着主题标志般的影响作用。独行侠形象暗示,领导者应是强大的、男性化的、高效率的、善用武力的(至少能用武力相威胁的)英雄人物,特别需要在危机、紧要关头横空出现拯救世界。不仅如此,他总是站在正义的一边,反对他的人则是邪恶的一方,最重要的是,他独立、自信,还带有一丝神秘色彩![1]

不管希望受人领导的人,还是立志自己做个领导者的人,都很容易受一种根深蒂固的信仰所影响,认为领导者应该骑在高头大马上,目光明亮如炬,行动毫不含糊,光彩夺目。的确,无论男女,凡在行使领导者之责,大都经历过人们对自己所持的那种独行侠般的期待,那是一种重压与恐惧之下特别能给个人与社会心理带来极大安慰的权威模式。

牧羊人与羊群、英雄与获救的牺牲者形象都可在领导者与追随者的关系中找到影子。牧羊人、武士与国王英明有力地统治着那些把福祉(及最后命运)寄托于自己身上的民众。正如海费茨所说,那些下达命令、支配人心的英雄形象,有着强大的力量与保护作用,延续着无尽的神话力量,"令人安心"。[2]

近年来,此类神话最有力的表达出自约瑟夫·C.罗斯特(Joseph C. Rost)描述的20世纪的领导者神话:"领导者具有出色的管理能力"。根据这一理念,优秀管理能力是产业组织的顶点,产业经济不能缺少管理。在此思想框架内,罗斯特说:"领导学是理性的、管理型的、具专业技能的、定量的、目标明确的、受成本利益驱使的、个性化的、等级化的、短期的、重实效的、唯物的。"[3]这样说未免刻板,但不失率真,传达出领导者管理实践在统领、效率与物质生产力等重要价值方面的主要思想。

现在,人类已进入原子能的、信息丰富的、生态一体化的后工业时代。在这样一个时代,连贯性与复杂性成了最抢眼的风景特征,是一块未经开垦的公共用地。其实,哪一片领土没有外界力量的渗透?甚至实施领导与保护的英雄行为也难幸免。这些外在力量不仅包括对日新月异科技的恐惧,及对恐怖主义的恐惧,也包括日益浓厚的各种社会观念、人道主义主张,及人类对超人类世界(自然)无意识行为结果的担心。今天,即使看似打不垮的指挥官也极易受到攻击,身不由己地处于迷茫之中,困境之中,看不清前路。英雄似的命令与控制领导学的神秘力量并非毫无关系,但确实越来越显示出其差强人意的特点。

危险不单产生于农牧时代,对产业时代影响重大的神话与暗喻能否被翻译成现代生活,取决于人们的思想。现在,越来越多的人凭直觉认为,尽管某些隐喻在特定情况下可产生积极作用,但在我们现存的生活条件下,其作用十分有限,甚至有时十分危险。许多领导者,不论首席执行官、市长、部门首脑,还是宗教领袖,都曾遭遇过类似于对牧羊人—武士—国王及其后继形象之类的抵抗。[4]然而,随着社会压力的增加,人们愈发信奉英雄人物式的领导神话,如帝制复辟重又回头的现象就是一个明证。一般情形下,较少有人否认英雄神话依然统治着商界、社交界、政界的精神世界这一事实。[5]是的,不论处理名望还是指责,我们仍然重视

第九章

并宣扬个人神话,这种情形既自觉又不自觉地主导着我们对领导力的猜想。[6]

领导者的英雄神话与海费茨对权威角色的理解一致。关键问题是如何实践权威的功能,如何维持平衡,如何在一个深刻变化的时代承认英雄的局限性。我们需要一个更为宽泛的领导神话,需要把这一神话植根于更为恰当的暗喻中,而这些暗喻可以囊括系统性适应性工作的复杂性,及认知、理解和技术的全部范围,以满足具创造性的勇敢的领导学实践之需要。适应性领导力行为是想象与责任的行为,但仅仅权威及技术的实践是不够的,必然努力创造新的现实。本尼斯(Bennis)与托马斯将有效率的领导者适应性能力特征描述成实用创造力。[7]这么说,当今世界领导学实践可由艺术家的实践得知一二。

诗人戴维·怀特(David Whyte)写道:

> 我们在公司可以使用的职场语言过于贫乏,缺少诗意,缺少人性,所以面对世界时,我们缺乏良好的经商意识,只得看职场词汇里最重要的词——经理,并试图找出经理身上隐藏的弱点。经理源于古意大利语和法语单词 maneggio 和 manege,意思是培训、对付、驾驭一匹马……统治的意象……对野性力量的驯服,暗示人们不愿被管理、被强迫关进畜栏被强行套上缰绳的基本心理,……多数人对受人奴役的反应并不强烈,也无创造性……50年后的某一刻,经理一词将从我们对领导者的理解中消失……我们现在必须鼓励每个人内在艺术气质作用的发挥,无论是为盖提基金会(Getty Foundation)还是为盖提石油公司(Getty Oil)工作。[8]

随时可以实践的领导学行为也是一种邀约,邀请每个人发挥创造力,尤其是那些乐于参加我们这个时代复杂适应性挑战的人。

这种进一步唤醒艺术家自我意识的邀约并没给已负担沉重的领导

者施加又一要求。我们会看到,这是释放英雄模式所意味的各种限制的一条小径,有助于领导者释放能力,朝更灵活更真实的模式发展,以创造性活动为傲,实现做人的核心。

差强人意的神话

实践领导学的力量是否与命令加控制模式所暗示的形象一样简单、直白？现在,领导学的意义已发生天翻地覆的变化。像 M. 米切尔·沃尔德罗普（M. Mitchell Waldrop）的《复杂》（*Complexity*）、玛格丽特·惠特利（Margaret Wheatley）的《领导学与新科学》（*Leadership and New Science*）、约翰·科特（John Kotter）的《变革的力量》（*Force for Change*）、彼得·M. 森奇（Peter M. Senge）的《第五门学科》（*The Fifth Discipline*）、琼·李普曼-布鲁门（Jean Lipman-Blumen）的《整合优势》（*Connective Edge*）、迪伊·霍克（Dee Hock）的《浑序时代的诞生》（*Birth of the Chaordic Age*）和德布拉·E. 迈耶森（Debra E. Meyerson）的《温和的激进》（*Tempered Radicals*）,这些书都说明医师、数学家、经济学家、工程师、生物学家、计算机专家、领导学理论家等人已对有关宇宙论与组织产生了新的理解。[9]

新科技与暗喻复制并传播着自身的思想,且在现代人的想象中找到了立身之所。因为新科技与暗喻为新的更为差强人意的神话提供了素材,传达出我们经历过的更真实独立的故事,使我们对日益增强的复杂性、多样性产生共鸣,同时也让我们困窘难安。不是吗,非线性互连、场理论、自我组织体系、生态角度、奇闻趣事、信息社会,哪一个不会产生一批新的想象,从而从基本上改变我们对生活如何运转的理解,催生神话的文化转变（不是突变,而是温和的转变）。

现在,比较顺应这一新现实的领导者形象开始有选择地显现出来,

第九章

如"夷平金字塔"、"公仆式领导"等。这两个暗喻都在试图修正牧羊人加武士加国王的神话。类似想象尽管一如既往地聚焦假想的控制等级（仆人形象减少了其对女性及少数人的吸引力），但对许多人而言仍十分有用且有意义，甚至对某些人具有解放性作用和导向性作用。在较为差强人意的领导学神话中，可以找到的是大量充满灵智的故事与形象，在严密而巧妙地描绘各种不确定沼泽条件下的适应性领导学实践。正如某经验丰富的从业者所言："在今天的普通人看来，每一个问题都是沼泽问题。当你确实不知所措时，能做的就是做一名艺术家。创造性领导学思想不是奇谈怪论，是一个涉及生存的大事，可对未来发展产生作用。"[10]

严密的术语

从专业实践角度看，神话般的变化总是姗姗来迟。为理解领导学，我们面临的一个久未解决的难题是，专业知识如我们一贯所设想和讲授的一样，再加上英雄式领导神话，并不能解决复杂、动荡、冲突、不可测世界中的实际问题，然而一些专业人士，如商务主管、律师、工程师、政策制定者、医师、记者或牧师，明显比其他人更能在其传统专业知识领域内采取有效行动解决问题。唐纳德·舍恩（Donald Schon）写道："难的并非评论家看不到某些专业表演比其他专业的表演出众（在这点上评论家们的意见惊人一致），而是他们不能吸收自认为重要的专业信息。因此，杰出人物并不被人们认为比普通人拥有更多的专业知识，而是更'明智'、更'有才干'、更具'直觉性'、更有'艺术感'。"然后，他话锋一转："不幸的是，这些术语未能揭示真相，反而起了掩盖真相的作用。它们就像垃圾分类目录，在为每种现象安一个名字，以躲避传统的解释策略。"接着，他又说："艺术感是一种智力练习，一种领悟力，在关键方面与我们专业知识的标准样式有所不同。艺术感并非天生神秘,只是其术语相当严密……"11

在这一巨大的框架内,可以看出海费茨及其同事提出的领导学教学方法更深层次的意义。他们发出的呼唤不像命令与控制,倒更像一门艺术性强的领导学实践。他们在理论构建与案例教学法中实践的内容十分接近创造过程:在文化发生相当大的变化时,能以更为充足的可激发创新的方式观察机构、社团、公司、社会,并作出回应。适应性领导学动员人们解决最棘手难题,这是需要新知识的,而这种新知识的学习迫于压力或出于自身好奇心,能在与特殊的适应性挑战相关情况下产生新能力、竞争力、策略、一套清晰的价值观和新的组织制度形式(这与仅根据另一种背景确认最佳实践范例或工业标准、试图插手现在环境的做法不同,这并不是一种技术性解决方案)。即兴创新是这种学习的一个必要组成部分。

尽管海费茨与林斯基并未解释从英雄到艺术家的神话般转变,但都将领导学描述成"一门即兴的艺术",他们的领导学教学法都建立在这一观点的基础之上[12]。的确,海费茨与同事使用了诸如战略和战术这样的战略加控制模式的语言。但我们同样听过一连串明确呼唤人们实践适应性领导学艺术的语言,如创新、舞池、微调、即席创作、歌唱、高压锅、在刀锋上行走、勇气、此起彼伏的冲突、有节奏地聆听并思考,创造性地脱离常规……所有这些严密的术语都利于领导学的学习和实践。

领导学作为一门艺术

一个较为差强人意的新的领导学神话最终如何命名,尚待进一步观察。"领导学的艺术"一词早已用旧,而其有意识地将领导学实践当做艺术性活动的举动尚未得到足够关注。[13]这里,我打算简单提一提领导学

第九章

理论与实践中较为醒目的艺术、艺术家、艺术性问题。

肯定与抵制

用来比喻那些领导学实践者的词——"艺术家",常会立刻引来肯定与抗议两种反应。那些按常规概念认为自己是艺术家的人,如画家、雕刻家、音乐家、作家、建筑师、摄影师以及某些项目的运动员和园丁,会欣然接受艺术家的称谓,承认将艺术自我纳入领导学实践为自己打开了一个有各种可能的天地,但那些在学校经受过艺术项目考验的人,那些持艺术家不理智、不合群、生活在边缘、软弱等成见的人,可能对此暗喻怀有偏见。不过,持偏见者极有可能会在自己的专业与生活中强调自己的艺术家品质,强调自己在夹缝中、在与工作对象相互依存、在即兴创作上的奋斗能力(例如企业家、政治家、医师、教育工作者与艺术家一样,也致力于从无到有的创造)。

在夹缝中求存

在任何专业任何部门,领导才能的主要表现之一是在夹缝中求存的自觉性和灵敏性,即在善于处理熟悉事物的同时还能处理突发事件。海费茨在谈及领导行为时,十分强调这种夹缝中求存的工作能力,认为这种领导行为要求既能在刀锋上行走又不伤及自身。抑或说,领导者无论对熟悉还是未知的问题,无论在自己广受欢迎还是受人敌视的情况下,都能克服焦虑情绪,应对自如。技术高超的领导者能在复杂而混乱的环境里保持强烈的求知欲和创造性,甚至不惜以寡敌众。正如我们亲眼目睹的一样,凡练习如何做领导者的人必定遭遇挫折、失败、失望,但同时也因而获得了能力、信心和力量。实践领导学时,要透过以往经历,全面看待从相互矛盾的新事物中涌现出的生机,在人类历史转折关头,社会特别需要具备这一素质的领导者。

与媒介互为依存

　　艺术家工作在自己不能完全掌控的各种关系中,领导学实践领导之责时何尝不是如此,他们也需如艺术家一样思考。通常,艺术家要通过某种介质在一种互为依存的关系中工作,这些介质包括绘画、石头、泥土、乐器、管弦乐队、网球场、障碍滑雪赛场、食品……以尽可能多地了解"工作中的研究对象……了解其优点及不足"[14]。例如,制陶艺人须研究陶土的性质、特点、潜能、局限性以及陶土本身的完整性,须整日与陶土交手,研究其特性,看它如何与水交融,观察力度多大陶土会坍塌,进而了解其强度,了解创造的局限性与可能性,从而与陶土建立某种联系。某建筑艺术家说过:"绘图时,外人以为我们在纸上信手涂鸦,其实,哪怕在纸上只是画下一根简单线条,这根线条也会吐露绘图者的心迹。铅笔的种类、纸张的软硬……都会影响欲传达的信息。总之,建筑设计是在建筑师、铅笔、纸张、客户、房屋建造地点、建材、预算及合同等因素之间的动态影响中实现的。"[15]

　　同样,领导学适应性实践要求在各种关系相互影响的动态环境中工作。要知道,每种关系中的任何行为影响都不可能被完全掌控,因为在系统的、相互依存的现实中,哪怕单个行动,都可能牵动整体。但从另一方面而言,我们如果试图学习了解运动系统的特性,如其结构和运转类型,就会对系统互相影响的方式十分敏感,这有助于团队改革带来更多的正面影响,从而开创一个全新的局面。[16]

　　琳达·圣克莱尔(Linda St. Clair)是某技术公司主管生产的人事经理,事业有成。她清醒地认识到自己早年做剧院艺术总监的经历可生动说明在互相依存的环境中如何做个好的领导者:"当时,我与下属合作得非常默契,人人各得其所。大多数情况下,我会选择有才干的团队,但依然觉得有责任告知大家我们这一组织的计划,让系统中的每个人都清楚

第九章

自己的工作将对整个团队产生何等影响。"[17]

海费茨教授及其同事都认为，把工作交还团队，依靠群体力量完成任务，是善当领导者的特征。圣克莱尔在回忆自己的剧院工作经历时，也发表了类似意见："在排戏过程中，导演不仅仅是团队首领或乐队指挥，有时应该做到该放手时且放手，得了解人员分派情况等等，这些举动有时候可以起到决定性作用。"但是，导演并非唯一应该知道如何发动群体力量的人。演好一台戏需要一群艺术家的努力，因为在这种系统中，无人有掌控一切的本事。剧作家把剧本交给制片人，制片人又将剧本交给导演，因此圣克莱尔坚持认为，导演应该具有管理一切的意识。"你不是剧作家，不是制片人，也不是演员。工作流程中，有些事情在你上任之前便已发生，有些则在上任之后发生，但这并不意味着你没作出重要贡献，无需奉献聪明才智。在一个相互合作的环境中工作，情形同样如此。"

圣克莱尔说："你的职责还包括进行预见性想象，即提出一些问题，诸如'怎样才能轻松抵达目标？'这便要求你精心安排目标实现的时间，即海费茨教授所说的'工作步骤'，如为每台戏确定演出日期，此日期之前还要安排彩排等。导演要把自己的工作抛至一边，暂时充当观众，把有关想法及时记录下来，彩排后与相关人员交流。此时，与其说他是导演，倒不如说是教练、导师、良师、益友或伙伴、盟友什么的。"

用海费茨教授的话来说，导演在排戏过程中须承担双重功能：权力功能和领导功能。权力功能可以维持社会团体内部的平衡，领导功能可以动员该社会系统进行创新。接下来，圣克莱尔道："导演最重要的任务之一就是理解动态互动的复杂性。"这包括珍视其他工作的艺术性，如舞台设计、灯光照明、角色安排、演员表演、舞美化妆、音响效果……每项工作及由每项工作组合而成的整体都须创新。在帮助每项工作朝共同目标前进的过程中，哪怕出现某些冲突和矛盾，导演也要时刻确保项项都尽可能有一定创意,要尊重每位成员的艺术感受,但最终做决定时,导演要尽可能综合群体的意见,而这意味着整体过程中将有许多互动,要经历很多次的磨合。

用圣克莱尔的话而言,即"排练能成为一个创造性的动态时刻。优秀导演不会过早作出'永久性'的决定,因为他得为某些不可预见的事情预留一定空间。"优秀导演较为重视模糊度的功能,即前面提到过的"在已知与未知间,留有一定余地"。圣克莱尔说:"我们得多进行一番实践才行。"

后来,圣克莱尔到了某家公司,成功地使排练和实践概念成为她所在群体关注的核心,但仍念念不忘:"去做各种尝试吧,尽量多地尝试'如果……怎么办'!因为我们还没作出决定。"至此,公司"战争室"的牌子更换为"音乐室"的那一天终于来到了!圣克莱尔反复强调:"你得正确理解这些暗喻。我们是在建设,而非毁灭。"

戏剧、领导、教学都是在请求和咨询模式中接受建设性反馈信息的交流艺术,圣克莱尔将三者比做爵士乐:"你们演奏爵士乐的时候,也在相互聆听,凭直觉进行个别调整,从而产生出一种新的可能,创造出更好的作品,或者说组建更成功的组织。"

即兴表演

无论在公司,在社区,还是在某国际组织学习做领导者,都要求具备类似于爵士音乐的演奏技巧,即把传统、直觉、技巧、想象力融合起来,展现最具挑战性、最有可能在交叉边缘区域进行创新的能力。在用案例法讲述领导学艺术的教学中,海费茨教授也常用爵士乐打比方,说明整体构架的力量,说明即兴表演的必要,说明如何在一个互相依存的环境中在各种交叉领域或边缘区域工作。他认为:

> 案例教学与即席演奏爵士乐很相似。爵士乐手们选择一

第九章

种表演框架,这个框架也许是一系列音调的变化。"我们要从一个音调转变至另一个音调,再转变成另一音调"。也许有这样一种结构,"从某个音调开始,然后在这个音调的基础上产生很多变奏,这时每个人都将在即兴表演中参与音调的改变,从而产生主旋律基础下的各种变奏。"或许也有这样一种框架,"以小号独奏开始,然后转变为鼓乐独奏,不过每次转换都要遵循一定秩序"。如果是蓝调,就不可以演奏成巴赫的曲子,因此在即兴演奏中,乐手们得略加约束自己,不能无限制地自由发挥。

每个爵士乐手都善于在疑惑和混乱中演奏,"迟疑一秒钟,别人就可能已多演奏出一个音符。虽然不知怎么办,但不得不继续演奏,慢慢地就能弄清我该如何演奏,或者干脆停下来,让别的乐手尽情演奏,直到自己跟上节拍后再演奏。"总之,演奏过程就是迟疑、行动、行动、迟疑不断转换的过程:下一步该怎么办?这就是一种冒险,而哪种冒险没有困惑和疑虑呢?从疑虑到采取行动,再回到疑虑,再到采取行动,如此反复,就是领导者所必须具备的能力。同样,案例教学法中也充满了许多不确定因素和疑虑,但必须有一个总体框架结构,那是你必须遵守的规则。在这个总体框架和纪律约束之下,你才可能尽情地发挥自己的才能。[18]

有趣得很,迪安·威廉斯在谈到他的案例教学经验时,也用艺术作说明:

案例教学法如同在画布上挥毫,既不能任意发挥,也不能固步自封,必须事先有所设计——要遵循某个总体框架,但每次体现这个框架的手法须有所不同。因此,和所有艺术家一样,你的创造并非无所忌惮。艺术家们都有自己的调色板,自己的创作工具及定位,虽然艺术创作过程饱含艺术家的自发性和即兴表演性,但其中总有一个规则,一个模型,或一定艺术技巧在约束他们,促使他们做得更好。

鼓起创造的勇气

在未知边缘进行创造活动,需要某种动态的约束和即兴表演能力,同时由于现代人自认为缺少创造性和艺术性,呼唤他们去做艺术家的期待则成了难以实现的梦想,而硬性要求人们具备创造力的行为难免引人恐慌。[19] 在 PAL-101 课上,几周的时间构成了一个学期,而其中一周的学习主题就是创造性。然而,在一个演讲厅大小的空间里,怎样利用案例教学法教导学生做一个富有创造性的领导者呢?

一开始,迪安·威廉斯就播放一个组合的非洲婚礼乐曲及欧洲唱诗班古典音乐磁带,但对播放的音乐未作任何评价,只是在磁带结束后静静地等待学生作出反应,而学生们的反应各有不同。对课堂上 1/3 学生的反应,威廉斯作出这样的评价:学生们按自己提前预设的角色(这里的角色指学生及各个种族,亦指专业或非专业音乐家)作出不同反应。然而一旦要求学生以班级对话形式作出回应,学生们就会为措辞问题而承受某种压力,因为此类班级讨论多少会受教室某个学生言论的影响,可见这种讨论有可能"吞没我们在事业上的创造性。"

"是的,总有一个流行范式在控制着整个系统,"威廉斯说,"而人们又是如何遵循或中断这种范式的呢?谁愿意跟着流行范式走,又有谁愿意看到自己可以改变世界流行的观念?流行范式需要巨大的创造力,世人对这样的创造力会感到恐慌,而团体也会同样对创新感到恐慌。"

乔希(Josh)不赞成这一说法:

第九章

"我认为我们并没感到恐慌……"

"我认为你们恐慌。你们确实很恐慌。"威廉斯打断乔希的话。

乔希坚持道:

"我们一点不恐慌,只是认为……"

"你们就是很恐慌。(笑声)而且恐慌的可能就是你,不是别人。"威廉斯坚持道。

迟疑了一会儿,乔希的态度有所松动:

"也许吧,也许因为害怕别人太当真,然而一旦我们停止争论,开始班级讨论时,就不再感到恐慌了,此时创造性便显露出来。所谓创造性,本质上就是对我们的客观性进行定义。"

威廉斯接过乔希的话头,说:

"那是你的看法,乔希。你依然坚持己见,认为一旦定义客观性,才可以开始创造性。"

玛丽亚(Maria)道:

"请问,我能说几句吗?"

威廉斯答:

"在这个课堂上你完全可以想说就说。"

玛丽亚露出惊讶的神色,问:

"噢,谁都可以参加讨论!这就是规则,对吧?"

"不,不是规则,但在这个班上你可以随时畅所欲言。"(威廉斯在暗示玛丽亚,作为创造性个体,她不要过多地受想象中的规则约束。)

不知玛丽亚是否真正理解了威廉斯的用意,只听她继续道:

"对于正在谈论的范式问题,我认为,我想带给咱们班的就是范式。根据流行读物作家托马斯·库恩(Thomas Kuhn)所言,人在受竞争压力驱使时,会变革社会。[20]现在,以海费茨教授描写过的环保署署长拉克尔肖斯(Ruckelshaus)与环保署为例,我认为拉克尔肖斯之所以选择干预,是因为他看到这个社会处于巨大压力之下,如果得到积极的推动,就能换一种思维方式进行思考。[21]拉克尔肖斯试图参与减轻压力、管理社会机构的活动,以便使社会范式或工作成果能在竞争压力下有所改变。因此,也许本质上推动我们前进的形式很特殊,但如果允许我们选择不同的社会结构,我们可能会更具创造性,而不至于像迷途的老鼠一样。"

威廉斯答：

"这仅是挑战的一部分,对吧,玛丽亚?我的意思是,课堂挑战是什么?如你一样,人人都能通过重复某个个案或引经据典来谈论某个话题,却不可能在教室里公开表达出来。"

唐娜(Donna)接过有关挑战的话题：

"我认为挑战就是你正在从事的工作,迪安。你试图把我们推入某种竞争压力之下,以期改变课堂氛围,令我们挣脱束缚。"

对此,又有几个同学相继发表看法。最后,一个学生说：

"我依然处在两难境地不知所从。创造本质上属于个人的单个行为,但最终怎样融入群体行为中去呢?我的意思是,我知道如何在自己个人的小天地进行创造,但却不知如何把集体当做一块画布。"

第九章

把社会系统当做画布

对于领导学和创新问题,学生们如何看待?当他们把自己视作艺术家,深入到一个相互依存的社会系统时会遭遇到什么?集体内部又会出现什么样的新局面?指导教师艺术性地寻找着这些问题的答案。艺术化的领导学实践使人们意识到,社会、政治或文化的创造过程是通过人的想象实现的。此外,社会系统的画布既在每个人的想象中编织而成,也在作为一个整体的集体想象中编织而成。从集体角度思考问题而非只考虑个人的私人小天地,从而把社会系统当成一幅巨大的画布进行创造,这种能力正是领导学实践训练的核心内容。[22]

想象是一个动态的过程

领导学艺术能通过一个创造性过程模式加以说明,而这里,创造性过程可以理解为想象过程,但想象不是幻想,正如塞缪尔·泰勒·科尔里奇(Samuel Taylor Coleridge)等人所说的那样,想象是理性思维中最高级的能力,糅和了推理、直觉、理解、判断和良知。人类大脑不是非常优秀的传送器,而是有力的变换器,不断从我们的经历中抽取各种元素来组成现实的图景。[23]想象,即抓取真实、新颖、更充分的社会现实,是一种了解和行动的更为真实可行的范式。

人类想象是由5大阶段构成的动态过程,而艺术家加领导者的实践也正是在这5大阶段中进行的。这5大阶段是:(1)意识冲突(发生在各种关系中);(2)停顿;(3)想象或顿悟;(4)重新建构模式;(5)解释、证明和测试。[24]可以说,海费茨教授及其同事们创造的思想框架和教学方法,是鼓励个人和群体进行想象的方法。

意识冲突

新事物常常产生于失效的、不适的现实之中。由于不和谐、疑虑、混乱、愤怒、反对、破坏以及理想与现实的差距，人们对新事物产生好奇，这便意味着世界出现了预言性质的"特洛伊木马"。正如阿尔玛·布朗特（Alma Blount）告诉学生的那样：

> 只有遇到抵抗或冲突的时候，你才会考虑采取相应措施。然而，如何解读矛盾以使你不流于表面现象，不忽略隐藏在深处的真正问题？这其中透出一种智慧，一种能力，一种实践，尤其是与他人合作中获得的能力（他人也许指整个团队）。这有点像层层剥皮，当隐藏的问题终于出现时，当你让一切和谐起来时，整个团队就会开始前进。[25]

这个发挥想象力的过程要求你艰难地走进充满冲突的激情中，感受其中的力量，感受不同的价值观、不同的前景展望，甚至需要感受人身攻击、派系斗争等。发挥想象力的过程还要求你建造一个容器（时间、地点和工作的规范化容器）。在这个容器中，各种冲突能够缓和并变得富有建设性。缓和矛盾，要求快速向人们指明真相，揭示需要开展的工作，控制正在产生的热度。这个工作或许很吸引人，或许令人痛苦，但主要取决于临场实践情况，而临场实践使得在一个充满矛盾和冲突的地方建立一种相互信任的伙伴和联盟关系成为可能。临场实践中，领导者要向人们阐明工作目的和未来前景，使他们了解眼前的痛苦和焦虑是值得付出的代价。

课堂上，我们注意到指导教师有意激起（也能识别这种举动）某种冲突，或提出某种问题。这类冲突或问题就是伦纳德和斯瓦普命名的"创造性磨损"，能够催生领导实践过程中的想象复现。[26]教师的指导工作非常富有艺术性，他们故意朗读某些术语，令学生失望，然后通过各种

第九章

卓有成效的方法管理随之而生的压力和冲突,把课程设计及指导教师与学生间的和谐关系作为一个容器(或熔炉),以期转变观点、习惯,实现期望中的真实环境。我们发现,任何一个社会团体都存在一些相互冲突的派系,这使我们确信,如果能把他们之间的冲突外化,建设性地予以解决,那么有可能让社会团体具备创造力,这就是所谓的适应性挑战。

课程结束时,威廉斯这样强调这一挑战的深度:

> 派系是构成社会现实的元素,根本没有什么单一的群体,到处都是多元化的、充满矛盾和冲突的派系或小集团。难就难在让各个派系去做一些适当的、富创造性的工作,让他们不断学习。学些什么呢?这不是一个简单的社会问题,只有通过讨论和集思广益才能得以解决,才能推动社会进步。教育和学习可使一些小集团放弃做有害社会的事情。
>
> "我刚刚去过佐治亚州的亚特兰大,再次看见我们的星条旗帜在国会大厦上空飘扬。在旗帜身上,多数人看见的是压迫,不仅亚特兰大如此,整个佐治亚州,乃至全世界都一样。我们不赞成这种看法,但如何让他们放弃这种看法对旗帜的象征意义产生新的联想呢?要知道,这些人的先辈为这面旗帜战斗过,甚至付出了宝贵的生命。这是一项十分棘手的工作,简单讨论远远不够,因为曾经有人讨论过,结果不欢而散。这也将是一项异常艰辛的工作,因为要改变他们的价值观,要使他们重新找到生活的重点。所以,一旦着手干涉人们的价值观,冲突便产生了。"

嘉洛斯(Jalos)问:

> "那样做有什么好处?你要挑战的是人们拥有的价值观和财富。想过没有,这些价值观和财富对他们而言可以说是弥足

珍贵的。只有当你的思想对他们产生威胁时,那才是你真正陷入困境的时刻。"

威廉斯答:

"绝对正确。出现小分歧时人们仍然表现得彬彬有礼,但谁知道呢,事情有可能迅速升级为狂烈的暴乱。那时,某些你认为神圣的东西便会渗入你试图抛弃的东西之中。当我国民权运动取得进步时,许多普通男女都站出来为民权运动工作,但真正的工作并非制定某项技术法规,不然,谁会重视其价值?这是一项严峻而艰难的工作,要求具有无比的创造性,因为要引起人们的注意,让他们投身其中,让他们思考究竟什么是自己所珍视的,什么是自己所愿意放弃的,什么又是自己愿意修正的。

"罗洛·梅(Rollo May)和托马斯·库恩都曾说过,除非遇到一定程度的冲突、反对甚至破坏,否则不会有太多的创造性,因为人不是在真空中工作。因此,当你有这种经历的时候,尤其在某种社会环境中有这种经历的时候,你的周围必将充满矛盾和冲突。借用更专业的术语来说,当你尝试做领导工作的时候,会产生很多不平衡,这将使你非常痛苦,举步维艰。你人在那儿,心却在颤抖,沉迷其中,难以自禁,甚至不清楚自己该作何调整以停止冲突,结果,你或许会退回自己所属的动态群体,回到自己的派系中,代表自己的派系说话。"

接着,威廉斯的话出人意外:

"但,请走出自己的派系!到另一派系中去,去掌握他们的思想看法。若能在这一位置上开始调停工作,你会产生巨大的创造力。"

第九章

时间在不知不觉地流逝,教室里静悄悄的。

最后,威廉斯结束当天的学习,道:

"周三见!"

停 顿

矛盾或裂痕日渐明朗之时,就是停顿之时。此时,大脑不如以前活跃,人越陷越深,事情越来越有可能升级为摩擦。现在,需要做的是等待。虽说如此,整理整理思路(这是对待混乱的一种处理模式),有助于简化理清冲突中互不相干的元素。这种停顿可能持续时间很短,也可能持续几年。停顿形式殊为简单,只需把事情搁置起来,去品尝一种绝境和漫漫黑夜的感觉。在繁忙的世界里,利用停顿瞬间去思考,任自己的深层意识继续工作(这种工作可在独处时进行,也可在人群中进行)。当然,这种停顿瞬间也有风险,可能威胁到我们有意义的回应能力,影响我们在适应性挑战活动中取得进步。通常,领导者被视为须作出决定并采取果敢行动的人,因此在复杂局势面前必须具备这样一种能力,即在紧张、不确定和模糊面前,对至今未找到解决办法的问题,留有充足的周旋余地,镇定自如。这种能力在停顿中时常会受挫,但付出的代价十分值得。[27]

因此,海费茨教授及其同事制造出停顿空间。正如我们所观察到的那样,停顿空间有时就是沉默,真是匪夷所思!注意,在一个班的开课仪式上(见第二章),海费茨教授就是用长时间的沉默开始当天的教学的,其间他只是粗略地环顾了一下教室,用自己的存在镇住学生,用眼神的交流吸引学生。就这样,他出人意料地抓住了学生的常规期待,为新知识的介绍腾出了空间。

停顿的主要方法是,身处舞厅等热闹场所时要反复命令自己到安静的阳台上去思考。一个人无论何时沉迷于舞蹈等狂热活动,其领导意识就有可能被更大的模式和力量所麻痹,因此在适应性领导学实践过程中,适度停顿很有必要。停顿中,反复思考自我和世界,从而保持一份清醒。

想象或顿悟

这一时刻,高兴地大呼小叫:"哈,我明白啦!"这一时刻,就是停顿的礼物。[28] 冲突得以解决(或至少达到顿悟境界)之后,我们就能获得一种实实在在的感觉,找到一个想象,一个概念,一个框架,一个理论,或一条前进的道路。海费茨教授及其同事通过各种想象、暗喻、故事以及概念和框架,在人们的头脑中播种这种顿悟的意识,最重要的是,能够创造条件为学生们的想象等内心活动服务,以便学生能够看见自己最想看见的自我。也就是说,让学生用自己的想象、暗喻、故事和概念结构,解释自己的亲身经历,了解他们在领导系统中相互之间如何作用,如何影响。这样,他们就能提高自己作为艺术家的能力。

重新构建模式

值此之际,前面的假设在新的顿悟模式中已被重写,但这些并非自动发生,而是通过将过去经历中出现的顿悟和平时的实践有意识地连接起来形成的。如果说想象是一种天资,那么重新构建模式就是项非常艰辛的工作,不过这一工作体现出一种必然发生的、依赖性更高的范式,是艺术创造的一部分,有助于我们看清事物间的联系,帮我们建立起一种系统意识——一种更重要的意识,帮群体寻找新的活动空间。M. C. 理查德(M. C. Richard)身兼陶工、诗人、教师于一身,他建议把这一功能植入"艺术"一词当中:

> 当我们尽力追踪"art"(即艺术)的起源时,发现了一个古老的印欧音节:ar,其含义为"放在一起,联合起来"。例如,单

第九章

词"harmony"来源于希腊单词"harmos",意思是"两块骨头放在一起构成的肩膀"。寻找相互关联的艺术思想,把事物放在一起考虑,真的是一种开放的姿态……一种从多元因素中创造出的整体。[29]

通过海费茨教授及其同事设计的实践模式,人们增强了辨别事物之间相互联系(或者说范式)的能力,因而能更系统、更创造性地看待和思考问题。学生们反思自己的领导失败经历,用问卷形式揭开隐藏的问题,追踪干扰与团队取得进步之间的联系。此时,他们已能时刻注意联系的类型,而早些时候,他们对此却是视而不见的,现在却发现自己正在一个更大、更复杂、更具挑战性的领域工作,自身的工作状况也在更多方面发生了结构性变化。

解释、证明和测试

此刻,又一崭新的观念和行动模式被带到兴趣盎然的群体面前,等待他们的肯定或否定很重要。当一个人想证明一己之见属实时,必须明确解释自己的观念,以完成并巩固其内在学习过程。当然,如果我们不想被自己的主观性所蒙蔽,那么必须测试这个学习过程和新的真相:或许我们错了呢? 或许我们所做的联系有误,或许我们并未抓住真正的联系,因而形成的见解和观念与客观事实不符。所以,他人的肯定或驳斥就是一种测试,任何欲从事领导工作的人都需得到群体的肯定或驳斥。

正如我们所见到的一样,通过6个画室加实验室内进行的实践性案例教学,海费茨教授及其同事为分辨领导实践中哪些因素在起作用哪些因素不起作用,提供了有效的检验场所。如果学生认为通过观察将要发生的事情介入系统有可能对群体进步有帮助,那么应反复鼓励他们如法炮制。每当此时,指导教师也在做着同样的事情。这一时刻,既是证明也是测试的时刻。此刻,团体既起着证实的作用,也发挥着反驳的作用。"是的,生活就是这样。对,很合适"或者"不,生活并不那样。不管用"(或者说,对其中模棱两可的事情都要做进一步观察)。

没人能保证某人的解释和介入对群体意识大有裨益,能有助于开创新局面。再次引用阿尔玛·布朗特的话:

> 每当你前行之时,也正是你创造之时。在适应性挑战中,你无法确定和你一起成长的是什么,因为你正在学习如何把自己的工作方法放入某个系统当中。它或许是门艺术,因为你做事情一般总按最好的设想去做。接下来,你的任务就是检验这一设想。这就得涉足其中,提出问题,或以一种洞察力去观察社会系统中显露出来的东西所包含的意义。然后,在动态变化过程中,保持一种坚定不移的伙伴观念。事实上,在这样的工作方式中,有一整套技巧和能力要求。[30]

适应性领导学的艺术

想象过程模式在艺术家的经历中,在适应性领导学实践中,在案例教学法中,都能引起强烈共鸣。因为随着时间的推移,领导学艺术与领导学教学艺术都能在冲突和适应性挑战中找到生存的机会。这里,冲突指事情的本来面目、人们的需要,及社会系统的愿望三者之间的差异。在冲突中,人们不仅要学习如何采取行动,如何干预系统,也要学习如何停顿,如何等待,如何调整步调,如何让领导者不能完全掌控的过程自然发展,从而获得一种新的洞察力量。我们允许即将从事领导之职的人利用洞察力在社会学习的大系统中重新构建理解力模式,这一模式的典型标志是接受检验,为寻找新的平衡点而在证实和反驳交替进行的过程中获得一种能量。当然,这个过程所花时间有时很短,而更多时候则漫长

第九章

难耐。

在烈火中磨砺

在漫长而艰辛的适应性学实践中,艺术型的领导者,如陶工,是在与火有关的环境中工作的。陶工与泥土既在火中接受检验,也注定与火创造出一种共同的关系。火,既是敌人,也是朋友。在持续的创造过程中,泥土被塑造成型,风干,在烈火中焚烧,上釉,再次受烈火烤炙。很快,这一复杂的陶工—泥土—烈火关系变得强烈而隐蔽。在火中,工作成了艺术家希望中的怪诞变形,能超出艺术家的想象,显露出光彩壮丽的容颜。然而,万一不成功,泥土也会坍成碎片。随着时间的流逝,艺术家逐渐掌握了火的诸多特征,以及如何按火力采取相应行动的知识。陶工打开窑门的那一刹那,就是揭示秘密和继续学习的时刻。

接受适应性挑战的领导行为也要在烈火中接受检验。这个火,就是竞争激烈的市场,就是舌战群儒的会议室,就是争论不休的立法过程,就是萎靡不振或气势汹汹的办公室士气,就是公众挑剔的目光,就是功能失调的机构……总之,是失败的火,但这种火能熄灭我们傲慢自大的情绪,打碎我们的幻想,向我们发出毁灭警告,让我们增长才智,让我们对复杂、模糊、神秘的事物持一种坦然接受的态度,从而不断开创新生活。

还有一种火,即灵感之火,支撑着适应性领导学实践的进行。作家们在谈到思考的作用时坦承,总有什么东西在鼓励着自己,点燃自己想象的火花。如果没有灵感,无论技巧多么高超,创造出的所谓艺术都只会流于枯燥乏味,缺少生命力。同样,凡欲从事领导工作的人,不仅要在漫长的马拉松似的征途中鞭策、鼓舞、振奋自己,更要鼓励驱动他人献身某项事业,其间存在着一种激励和支撑的能量及精神。协调这些能量,激励这些精神,是领导学关注的问题。单纯的抱负、担心、绝望或许能暂时转化为灵感,但真正的灵感产生于有价值的行动中,是一种强化力量,能促进事业成功,刺激人们献身事业。灵感是勇气的源泉,产生于大量的观察(或透视)之中,可超越并抵制不彻底解决问题的态度,有助于人们坚信未知中存在有价值的无限可能性。

自我的投资

做艺术家意味着全身心地投入自己所从事的工作。探索艺术家成长道路上的内在价值在于:可将之作为一个重要手段用来回顾、思考领导工作。艺术家愿为追求创造的真谛苦苦奋斗,同样,领导学艺术也要求人们自愿投身其中,努力挖掘群体、组织或社会中存在的潜能。

英雄中的艺术家与艺术家中的英雄

显然,要在艺术家与英雄这两个暗喻中找寻涉及领导学的更宽广、更有说服力的神话,不能采取"既是……也是"的态度。的确,跨领域进行观察是比较有用的方法。一旦仔细观察英雄模范,我们便会发现很多人既是英雄,也是艺术家,如希伯来王国的戴维,既是保家卫国的勇士,同时也是竖琴家、析梦师,还为《圣经》创作了大量赞美诗;又如欧洲的亚历山大大帝,不仅是著名的演说家、司仪,更是一个出色的戏剧大师。[31] 当我们再次审读《孤独的漫游者》这一神话故事时,会发现里面的人物形象从来都与现实不符——"孤独"的漫游者其实从来都不孤独。由于唐托(Tonto)的存在,孤独的漫游者与唐托共享着相互依存的浓厚伙伴情谊。不幸得很,唐托是有色人种,唐托这个名字在西班牙语里有"愚蠢"的含义。然而事实是,在美国蛮荒的西部,那些自命不凡的白人英雄们常常需要当地土著或黑人相伴左右,因为有色人种具有双语表达能力,具有对环境的敏感性及卓越的探路技能,而这些能力对成功和生存来说至关重要。[32]

正如艺术家已跻身于英雄传奇一样,英雄也出现在艺术家的行列

第九章

中,尽管形式不一,强势的表现方式也有所不同。领导学艺术要求领导者不仅能处理高层次的技术问题,对一团糟的杂乱状况提出的挑战也能作出积极响应,同时还要求领导者拥有权力,把权力当做资源,而全然不顾这个权力是正式还是非正式的,勇于承担责任,行动过程中表现出一种大无畏的英雄气概。

海费茨及其同事坚定地站在那些挑战流行的英雄式领导神话的人当中,目的是扩大更加可行的领导学神话,促使领导学实践与变化的世界产生紧密联系。选修领导学课程的学生的案例,是他们所在机构参与创造性和适应性的实践,从这一角度看,他们是新的调查和研究工作对象,能为改变流行的传统领导神话、为创造适应性领导学艺术作出贡献。[33]

第十章　可以学会的领导力
——案例教学法的优点与局限性

沃伦·本尼斯说过,虽然有人认为领导学艺术难教,但并非学不会。[1]虽说难教,但如果能学会领导能力,那么本书描写的方法对当今世界培养普通人适应性领导学艺术的实践能力可产生多大效果?本方法的主要优点是什么?其局限性何在?哪些问题还需进一步探究?弱处有哪些?

主要优点

该方法把领导学理论与一种教学方式编织成一个天衣无缝的整体,提出的一套描述领导学实践关键特征的思想十分有用,与紧扣这些思想的教学方法共结连理。在此基础上,罗恩·海费茨及其同事坚称完全可以学会在变化多端、极富挑战的条件下开展有效工作,为此他们把领导学重新定义为:在必然经历深刻变化的多系统领域能考虑到重要而繁杂的各种条件的行为,即致力于能把握全局的适应性领导学的形成。可以说,这一方法能培养普通人所需的领导能力,这必然让更多人受惠,尤其让今日新型的普通大众受惠。在这一全新的、更加错综复杂的背景下,

第十章

为满足最为人所理解的适应性领导学的需要,需要打破现行的不完善的安排同时,开创出更有意义的生活模式。[2]

海费茨及其同事提出的案例教学模式,在反映更大行为场所的小课堂上营造出一种富挑战性的环境。他们邀请学生学习自己的最新经历及过往经历,结果将传统的师生角色重新进行了有效配置。随着领导学的意义由仅聚集个人才能及权力的发挥转向动员群体攻克难关,学习者个人不再仅仅是知识与技能的消费者,而是复杂体系中的一员,须积极参与学习。

与之相应的是,案例教学法还将行动主体由教师转向群体,由个人转向系统及难点问题。这一教学模式反映出教师在社会体系多层面角色实施过程中有时是提供重要思想及思想框架的教员,有时是维系群体内部平衡的权威力量,有时是适应性领导学艺术学习和实践的操练者。如此说来,教师既是学习者,又是榜样,在课堂里既公开行使权威,又实践领导学,以便学生暗中学习观摩,与教师展开竞争,直至掌握所学内容。

揭秘教师的权力

所有教育经验表明,学生或多或少都会模仿教师,并透过所听、所读内容的字里行间学习一些隐含的知识,但这种情况多由教师教学方式不明确而起。教师很容易低估自己,因为他们无从验证有关"如何做"的教学内容中有多少为学生所吸收,而学生对知识的汲取则是无意识的,例如教师解决课堂冲突的模式,化解问题的方式,引入倾向性、创造性、矛盾性抑或混乱观点时所采纳的方法,行使权威的方式……专业知识与技能课在一遍又一遍地重复中得以吸收和巩固,一年又一年。尤其在一门领导学课程中,学生们无论年龄大小都极易接受教师的每一言每一行,全然不受教师所讲授思想或理论的制约，而这些学生选修这门课大多抱着领导学就是一套公式和个性特征的想法。这样，教师的榜样作用与表述明确的对话一样，其意义显得格外重大。

海费茨说："我觉得，作为教育工作者，发现自己在哪些方面树了坏榜样，因而通过自身行为以哪些方式的教学进行改正，是一个道德挑战，因为教师的行为并非这门课计划设计中的内容。"案例教学法（在此类教学活动中，教师的言行置于众目睽睽之下）使无意识的榜样作用有可能变为有意识的榜样作用，而非一如既往地得不到检验。因此，当本方法参照的理论特别能揭示社会系统表层下强大的暗流有多大力量（以及如何随之产生建设性作用）时，这一教学法的一大优势就表现在能揭秘所有教师在课堂上的权威作用。在谈到能在任一课上正确使用权威的教师的重要性时，某曾在PAL-101上过课的博士毕业生说：

我从未想过有个人站在前面，对于这个班级乃至对任何班级有多重要。那个人就是教师。他打着领带，受学校之邀前来教这个班。对他，维持班级纪律又是何等重要！太神奇了！我这是第一次真正思考一个普遍持有的准则——当时班上90%的学生显然都在遵从的准则。

一位在职女生也有同感：

记得有一次，一个人进教室修空调，海费茨瞪着他，最后竟把他瞪出了教室。海费茨问："您有何贵干？"换成别的教授，我想都会视而不见。那人答："嗯，我来修空调。"海费茨说："那您可以待会儿来。"于是，那人走了。让群体知道你在保卫自己的疆域（以让学生灵活机动地学习），其作用一直令我难以忘怀。

从另一方面而言，正是由于教师掌握着正式权威，能深刻改变课堂的准则，所以可以保护自己及自己的学生免遭迷茫、生气、观点模糊等不

第十章

适。案例教学法可拉近师生关系,可给他们进一步融合的勇气。

自我:囿于系统并超越系统

这一教学法一直鼓励将自我当做一个个体及一个"嵌入体"(社会嵌入体)进行深入了解[3]。因为该方法目的旨在默认的环境中进行学习,所以即使已学过并参与过组织行为、心理学模式或政治体系的人,也会发现自己并未如所想象的那样被免于外界力量的干扰。这一发现说明,所有人被镶嵌于多层面的相互依存的动态体系中。这一揭秘性的发现是更综合、更确切地理解现实的一个关键因素。

芭芭拉·凯勒曼(Barbara Kellerman)在探索21世纪领导学教育的一些关键问题时发出这样的疑问:作为一个社会,我们是否没能解决那些未完全公开、未完全私密化、未独立存在的问题? 比如贫穷和教育。站在这一宏观的角度,她发现领导学教育大多"不足得令人心痛"。政治、经济、生态、科技、宗教、社会等诸多问题错综复杂,极具挑战性,如果培养出来的领导者无法面面俱到,不具备"驾驭技巧",就难以应对那些长期而复杂的挑战。[4]海费茨及其同事推出的这套领导学教学方法,主要价值在于它深深扎根于系统及多系统意识里,扎根于单一学习环境应对多重领域的能力,所以说这种方法能响应建立跨学科领导学的号召。

更有效地发挥自我

无论大班上课,还是小组讨论,这一方法使教师和学生经常在自身成长的边缘踟蹰而行,因而得以窥视黑暗深处,涉入陌生沼泽一样的疆域,无意中会看到一片扑朔迷离的新洞天! 于是,盲点找到了,应对复杂形势的更有效方法找到了。正如一位教育工作者兼管理者所言:

> 本课程最大的价值是对群体力量以及……学习利用自身力量的整体认识。这个方法的好处之一就是我学会了利用自

己的反应,学会了解读自己,比如当我生气或愤世嫉俗时,我知道那不只是我,而是一个"外界"的什么,我只是其中的一部分。可以说,我可以想怎样脱口而出就怎样脱口而出,但那样做不见得对群体有何益处,充其量不过是在某种无意识的戏剧表演中扮演着一个条件反射的角色。所以重要的是行为要有意识,且能产生作用。

之所以有这种说法,是由于某些原因,特别是由于一系列更多的选择能让我更有效地发挥自己的才能。我们已经看到,这种更有效的自我发挥建立在一套有力的理念、暗喻和实践上,有助于以下五大重要能力的形成:

分析能力。阐明有价值的目的感;认清相关群体中的各种小团体、力量及其他系统模式;找出适应性工作及其地点;辨别谁在正式及非正式地行使权威功能;摸清问题的渊源;找出新活动及创新的突破口;识别消极怠工行为,比如寻找替罪羊及暗箭伤人的企图。

干预能力。能深入系统内部帮助群体或组织在适应性工作方面取得进步,即找出平衡点,知道如何加速一件事情的成熟;如何引人注意,建立信任,揭示潜在问题,平息纷争;如何调节热量以开创新局面;如何向群体描绘目前工作的宏伟蓝图;如何弃旧扬新。

交流能力。能够吸引并保持群体注意力及热忱,具体而言,就是知道语言与手势的力量,能策略性地、鼓动性地运用语言与手势;能够挑战、安抚、鼓舞人心;能够倾听并把握群体脉搏。一个曾经的学员、如今的某州立机构负责人证实:"我总觉得干我这份工作,不管领导哪一级组织,解决哪类问题,如果无法掌握群体的脉动,就会忐忑不安。无论做演讲也好,作决定也罢,我都需要知道群体的立场。倒不是他们所处的位置就是我想让他们待的地方,而是我需要某种共同的感觉,需要理解群

第十章

体具体在哪儿,然后设计出一条更好的路线去领导他们。"

停顿、思考、走动。能够在行动途中走上阳台;能够思考某人的干预效果及交流努力;能够宽容,能够运用沉默;能够为工作定步调,使群体不至于对他们期望的速度失望。在压力巨大的竞争中,在当今快节奏的、无暇思考的、行动型社会准则里,这一能力特别关键。

承受酷热面不改色的本事。能够顶住失衡的疑虑、各种异议及混乱的压力,在某种不再充分但十分熟悉的模式与某尚未成形的组织、社区或企业中较有挑战力的新兴共同生活模式之间找出一点。换言之,以和蔼可亲、真诚可信、讲求策略、严于律己、鼓舞人心的方式,全身心投入工作。

自愿学习经验

这一方法的另一优点在于,所有学习内容基本上与学员的真实经历有关,尽管布置阅读作业以及要求掌握一些概念,但也只是作为有价值的辅助手段,可帮助学生从个人经历(即以往的领导经历)中或直接在课堂实践及小组讨论里学习如何排疑解惑,让学员们始终有机会从事真实鲜活的领导学实践。

这种利用个人已有的亲身经历(及时常从同学处听到的宝贵的间接经历),加上可以获得一套实用的框架,以及一系列用以容纳并解释这一框架的比喻,有激发学员学习热情之效。无论是明显问题还是潜在问题,每个学员都会迎头赶上,寻求解决方案。因此,与其他学员相比,这些学员学到了一些不同的内容,成绩令人瞩目。虽说各种教育效果大都如此,但让人刮目相看的是,与许多学生相比,这些学生都能从中获益,学到那个特定时间段内所需的特定的经验知识,从而成长起来。这一门课程好比一坛甘醇的美酒,几乎每个人都能从中汲取自己的所需。

"脖颈以下"的学习

按照这一方法,在激情洋溢的课堂实践中,特别是在把整个班级视为案例时,一些概念及暗喻被不厌其烦地重复,以解释各种反复出现的现象。之所以不断重复,是因为大多数学生一开始都无法完全吸收甚至抵制新理念,重复只是顺应从抵制到吸收这一缓慢的学习过程,而进一步重复则是把新吸收的理论知识更好地运用到那些不充足的环境中去,以提供解决问题的更佳选择方案。这时,就有可能看到并需要看到,感受相应的可能产生全新行为的内在观念的重排,更有助于清醒选择反应方式。重复的必要性(相对于反思某人的亲身经历)强调了刺激、坚持、耐心在产生持久行为变化方面的作用。这一方法只是一项实践,目的是讲授适应性领导学的性质,正如一个学生所言:

> 我觉得我对领导者可以下这样一个不完整定义,即为了群体利益,他不怕把事情推入一个不舒适的境地,不怕提出群体不愿解决但又割舍不下的问题,不只展示美好前景以令群体欣然从事艰苦的工作,而是能在最后证明他们所从事的是最有创意的工作。

这种方法能把事情推入一个不舒适的境地,是其促进"脖颈以下"学习能力的另一特征,的确能在一个有效学习环境的两个特点——安全与挑战之间制造紧绷感。教育学家帕克·帕尔默(Parker Palmer)雄辩地证明了学习"创造友善空间"的做法。[5]在对帕尔默的研究有所了解后,理查德·布罗霍姆(Richard Broholm)曾代表莉莉基金会,几度观摩大班教学。后来,他写道:"罗恩·海费茨让学生们在课堂上思考一些重要问题,不惜采取强迫手段,有时我都觉得他是否逼得太狠了。"接着,布罗霍姆提出这样的质疑:"高压锅"是一个友善的学习空间吗?他百思不得其解,最后道:

第十章

我注意到海费茨的理论与教学方法结合得非常到位,尽管不完美却难以置信地诚实,效果也特别好,能鼓励学生深入探究个人亲身经历。在我的学术生涯中,这个班是我见过的最具挑衅性、最具刺激性的班。[6]

针对有关问题,一位现为某大学公共政策助理教授的往届生说:"我从海费茨身上所学到的就是,学生其实非常需要面对挑战!"

道德效力

围绕领导学这个词的纯客观性,有关讨论正如火如荼地进行着,但本书介绍的教学方法已下定论:领导学的各种行为不可避免地融入道德选择之中,对领导学的渴望实际上是对道德义务的渴望,对服务于大众的领导学的渴望,与单单谋求个人所得或一己私利有着鲜明对比。每起案例分析所提出的核心目的问题、危难之时探求各种领导途径时对生活使命的渴望、对恰当或不恰当行使权威的行为所进行的认真反思、对悲苦与损失的体恤、面临适应性工作时对热情的呼唤、对自身抱负与渴望的思考以及两者对话的需要、对自己现实行为(或不作为)后果的承认……都表明道德纤维已被编入案例教学法这块织物之中。

一个曾参加由海费茨发起的题为"切割边缘领导学"(Cutting Edge Leadership)管理层会议的人,两年之后始发现那次会议使他确信自己可以对所在团体产生积极影响——不论"日常工作"或是"自愿活动"。重温以前的笔记,他看到自我感觉"很重要的需要记录下来"的内容,发现了这样一些词组,如"众人皆醉,唯我独醒"、"避免偏激,不失警觉"、"富有同情心"、"坚守自己珍视的价值观和忠诚"、"庆贺自己的劳动成果"……后来,他反思道:"海费茨教领导学,其中定有精神上的东西。"而真正精神上的东西总有一个道德内核。[7]

然而,道德并不那么简单。案例教学法的推行者经常会碰到道德问题,并为此大费脑筋。比如,休和阿尔玛就曾质疑:学生案例(仅是单个案例的考察)分析的目的是否会促进能稳定当今世界领导学实践复杂性所需的道德意识和良知的产生?人类的动机很复杂,这类问题也不易解决,然而坚持不懈地解决这些难题恰恰是这种教学方法的优点之一——视每节课、每个案例为一起道德实例。

超越传统的案例方法

传统案例法的绝妙之处在于,探讨过去发生的真实事件(尽管当下也会时不时地碰到类似案例),这些事件已被认真研究过,可以成为学生曾经或可能面临的情况的真实写照。教师可以预见到案例会有助于学生学习的多个方面,且在案例讨论之前就提出研究问题。学生因此也可以形成自己的见解,提出自己的问题。然而,案例本身在一般情况下与学生的亲身经历有一定的距离。

传统案例方法的一个通常结果是:学生熟谙品评他人是非,却无法洞察自身在复杂环境中的行为以及未作出的反应。案例教学法不仅提供一套思想,还让这套思想与学生自己的失败经验进行直接对话,在亲身经历群体不断变化的动态中重新审视自己的失败,这里的群体是指正在努力取得进步的一个社会体系。这样的一些案例更可能激起某种认知、情感、内在的参与,促进并保持这种转换式的学习。

参与和创新

这一方法的最佳结果是在学生的高度参与和能作出创新性回应的能力之间结成一根纽带。戴维·怀特这样写道:

> 任何组织若想在不断变化的新世界真正立足,都迫切需要

第十章

更大的适应能力、活力及想象力……但是，发挥自身创造力，无论对组织还是对个人都有一定难度。一旦面对真相，组织和个人都会畏惧创造性、激情及勇气，而这些与潜在于自身的创造力如影相随，对自身的活力也至关重要。既对创造力满怀期待又为它的到来忐忑不安，这是在工作场所进行全新对话的基本核心。[8]

在期待创造力又畏惧创造力到来的边缘进行新的对话，案例教学法正是对这场新对话的一大贡献。其教学过程旨在将教师和学生带入经验之境，而这一经验之境既令人不适，又在潜移默化地激活想象力，开创艺术性的领导学。与传统案例教学法强调学生的直接参与一致，为培养丰富的想象力及创新性领导学艺术的能力，案例教学法还增添了额外的设计元素：

● 一个背景。让学生与不同类型的人对话，接触令人难以苟同的观点、不确定因素及琐碎得出人意外的事情。

● 一个教师。不逃避矛盾，不轻易提供解决方案，引而不发，有意释放烟雾，激发学生好奇心，制造神秘，刺激矛盾或将冲突外化。一切为了容纳纷杂事物，为清楚在紧急关头如何行事。

● 一些想象。如语言、概念、经验，鼓励学生包容不适，参与冲突，进行创新性试验，获得新的洞察力。

● 提供并确认多种形式的停顿、空间、沉默，这些对创新性过程十分重要。

● 有序的思索和分析。要求学生在活动领域中找出并缔造与以前认识不足的元素间的联系。

● 开发知识、技能、技巧。认识到领导学艺术不仅要求一种有价值的目标感，还需要卓越的能力实现目标。

● 不论成败，都对试验予以肯定。

然而，这一方法主要讲的是人在紧急情况下如何随机应变，开拓创新。此外，借在五大艺术形式上成就不凡的艺术家玛莎·穆德（Martha Mood）的话，还需有更凝练三方面的能力，即一颗洞悉世事的心，一个开放的头脑，一些勇气。这就要求学会细心观察，熟练掌握理论知识，灵活运用能引发更周全的思索与行动的综合性案例，并在面对一再的挫折和失败及成功边缘具备采取行动的勇气。

一颗洞悉世事的心——学会关注

如何长时间吸引听众的注意，是任何教师、任何欲实践适应性领导学的人面临的一大挑战，尤其在面临适应性工作带来的冲突和损失时，大多数人都会受到不同形式的系统性干扰，并试图找出这些冲突和损失，此时要吸引他们的注意力，可谓难上加难。

关注，意味着积极的自我投入，以及对手头问题具有一定的敏感性，同时还要求我们保持清醒，身临其境地观察，发觉，倾听，感受。一位妇女近60岁时才拿起画笔，竟成了一位小有名气的画家，当有人问她绘画为什么对她那么重要时，她不假思索地答："因为我看到了以前从未看到的东西。例如你以为你很了解人的手，尤其是自己的手，可真想画出来，你就会看到以前从未'看到'的特征与相关特征。"[9]

迎接21世纪的挑战，需要一种积极开明的态度观察新事物，并以一种自愿的心态去影响，去改变。领导学的艺术就要求能以一颗包容的心来观察一切，接受现状，而不是消极逃避，或怨天尤人。[10]只有持这样的态度，才能对各种可能性予以充分肯定，并为走出错综复杂的困境指明新方向。

与所有艺术家一样，优秀的领导者往往能预知未来，具远见卓识，但他们并没有透视眼，他们所做的不过是细心观察当下发生的一切，而不像其他人那样带着一副老眼光。"摒弃人云亦云的做法，重新观察，是任

第十章

何艺术家的首要任务。"[11]

海费茨及其同事研究出一种鲜活的讲授领导学的教学模式,鼓励学生关注社会体系中的主流,同时培养出艰苦的创新性工作作为大众的纽带,以编织更美好的未来。正如罗伯特•贝拉(Robert Bellah)及其同事所说,民主本身就是值得关注的事情。[12]因此,当人们发现自己处于被各种观察方式吸引,可以力排干扰,重新展开对领导学的遐想这样一个环境中时,民主问题绝不可小觑。

一个开放的头脑——广撒希望的种子

一个有效的学习环境能更全面地展示观察现实的过程,并使内容一览无余。理论框架、概念、想象、见解、语言以及实际行动为学生们另觅他法提供了范例和可能。一个有力的学习环境启发思维,带来全新的思考、想象、工作方式。

依照学科及实质上的优势,领导学的艺术性实践是与一些形式遥相呼应的,这些形式尊重一个民族最深刻的渴望,是一种新文化的先驱。这正是马歇尔•麦克卢汉(Marshall Mcluhan)的地球村最需要的那类艺术家。[13]伟大的艺术家为那些在整个社会中尚未成型的情景提供生动的模式。在其富于艺术的展示中,形成了一种独特的观察和认知方式,当然独特之处最初存在于一些个人和社区的意识里。艺术家创造并证实着种种可能性,这些可能性先被斥为异端邪说,后被赞为文化遗产。

海费茨及其同事努力为理解、实践、传授领导学提供活生生的榜样。理解、实践、传授领导学是可能的先驱,也是一种虽有成效,却鲜有人实践的参与模式。

一点勇气——勇于实践

如果领导学是一门艺术,无法通过常规的理论教学模式传授,但能通过某种恰当的训练而巧妙习得,那么实践当成为学习过程的核心。这一方法的一大重要特征就在于努力营造一种氛围,以强调实践的价值,并让师生习以为常。这一方法否认领导者是天造英才的观念,认为领导学艺术永远无法被完全掌握。正是在这层意义上,我们才把领导学实践与医学实践、律师实践、政治实践及宗教实践相提并论。

在日新月异的当代,我们面临的一项挑战是社会、经济体制日益不堪一击,很难容忍实践的存在。领导者应该在第一时间当机立断,甚至面对未知、混乱的沼泽情况时也应如此。此外,这一方法认为,实践是有效开展工作不可或缺的一大特色,且永无止境。按这一方法,教师与学生一样也会犯错误,需要更多的实践;学生则要在画室加实验室里反复实践,不断反省。通过这一方法,学生们逐渐意识到:适应性领导学的艺术在于,要了解这一方法,只有通过持久的努力实践,反省,再实践,明确的目标及有效的参与才能做到切实可行,并得以持续进行。

卡伦·索基尔森写道:

> 当今世界正进行着深刻的变革,每个人都强烈地渴望拥有远见卓识,以预知未来,预测未来的生活……以任一种方式给新兴事物命名的过程就是体验赋形名状的过程。正式表达某种有趣的形象或直觉似乎只是那些被称为"艺术家"的人所做的事……事实上,我们每个人在日常生活中都进行着创新性表达……明确我们想要了解的事物、我们的信念,以及想成为的人。我们需要多加了解,因为每一次努力都会有风险,都是神圣的创新活动,都会通向一道新门槛……然而,我们还是一再地尝试,因为存在风险的是我们的生活状态……
>
> 艺术家的工作多半是实践,这着实令人惊讶。他们为了一次演出而排练数月;为了一首诗歌的末句而试写千行;为跳一支连贯的舞,而把单个分解动作跳了一遍又一遍……反复实

第十章

践,反复出现新突破……终于——凌空一跃,跳过了终点。这一路走来,磕磕绊绊,坎坎坷坷,却练就了耐心与面对挫折的勇气……正因为致力于实践,加上全身心的投入,才成就了杰作——优美的动作,和谐的色彩,绝妙的雕塑,动听的旋律。[14]

我们这里所说的学习适应性领导学的方法也正是建立在这一前提之上的,即只有不断实践,才能成就众望所归的优秀领导。可实践需要勇气。而"勇气"一词,与"心"一样,皆源于 coeur 一词。从内心鼓起勇气,进行实践,再磨练出敏锐的心灵,这构成了一个完满的圆。鼓起勇气,甚至鼓起勇气面对综合能力、果敢决策、高效率等提出的苛刻要求。海费茨及其同事研究出的这一教学方法首先就指出其实践过程中所需的谦逊与勇气。

造就一则新神话

这种实践领导学的方法既启发灵感又强有力地激发创造性、适应性的回应,以响应时代对新领导神话的呼唤(该方法的另一优势)。到目前为止,领导学艺术究竟会造就一则新神话,还是会对颇为熟悉的英雄式神话进行变形与重组,尚不得而知,[15]但在这个日新月异的时代,各行各业都迫切需要创造性的解决方案,人类就必须顺应潮流,必须富有事业心、创造性与责任感。

萦绕心头的问题

和艺术家们一样,实践领导学这一方法的人总会受到一系列问题的困扰,比如"遗漏了什么?""哪些方法仍不奏效?"因此,随着该方法的深入研究,需要坚持不懈地进行创新性探索。海费茨曾把这种探索比做造房子,他说:

> 我想我们已经打下地基……但还有很多房间要造,也就是说,我们当好好考虑如何把领导学艺术具体运用到各行各业,比如文化领域、政策部门、商业机构……我们还要进一步改善课程安排,运用实际经验,加深对教师的认识,进一步培养该方法所要求的能力。

同样,几乎每一个把领导学运用到实际工作中去的人都在拓展其探索及试验的领域——他们从事着不同的适应性工作,有着独特的经历,面临着各自值得思考的问题。比如,在教一些来自东帝汶的学生时,迪恩·威廉斯发现,他们学完 PAL-101 课程时,大多对创造不平衡局面来推进适应性工作的重要性有了新的理解,然而他发现在政府初犯错误之时,创造性的同盟以及维护脆弱的新平衡的能力与早期的创造性不平衡一样,对改善工作或许同等重要,于是他想:"那么,这一现象又对我们的实践与教学有何意义呢?"[16]

一种好方法

哈佛大学教育大师小威廉·G. 佩里(William G. Perry Jr.)过去常说:"想了解某种形势下正在发生的事情,至少需要 3 种好理论。"他的意思是说,如果只有一种理论,那么对情况的理解很可能过于武断;如果有两种理论,对情况的理解很可能简化为非此即彼;如果有三种理论,才可能让人小心谨慎,考虑到种种可能性。我们这里所说的方法正是如此,这是一种理论加教学的方法。

因此,与其他教学方法一样,这一学习并实践领导学的方法尽管卓有成效,却没有穷尽领导学实践的方方面面。那么就个人的具体领导学实践而言,还要有哪些相关的理论和观点呢?譬如,该方法本身就没有涉及一些政治策略,例如如何建立团队,赢得拥护,争取联合,以及如何进行协商谈判。另外,正如前面所述,尽管这一教学方法具有道德价值,

第十章

但很可能无法如愿让所有领导行为都具备价值目标。因此,教师在教学中(鉴于一些有效的方法或技巧经常如此)当小心谨慎,防止有人用之图谋不轨。

较片面的学习

正是因为这一方法能帮助学生学习其在特定时期所需的特定知识,大多数学生只学到了该方法的一些方面,而非各个相互依存因素的全部。学生们获取了新知,却只是一知半解,也就是说,一些观点虽然有效,却与他们的课程素材一样无法被完全消化吸收。尽管学生会因此更为自信,但仍然不堪一击。比如,我们曾采访过一个学生,她对适应性工作有着较深的理解,却没意识到了解问题渊源的重要性(尽管这也是课程内容之一)。结果,在后来试图带领组织走出困境的尝试中,因为忽视了问题的渊源,她感到十分迷茫。

往届生在遇到问题时也不免有一筹莫展的时候。作为教师,应当承担哪部分责任?随着这一方法的发展,急需解决的两大核心问题是:如何进一步发展此教学法,以帮助学员避免重蹈覆辙?如何从这一角度持之以恒地学习?有两条路子:第一,不断改进课程安排,举办短期的校友会,为学生在工作中所遇到的实际困难提供建议;第二,鼓励以往参与同一小组讨论的学生们自行组织起来,总结经验教训,加深理解,提高能力。

案例教学法的弱点

尽管有着明显的优势,案例教学法仍存在缺陷与弱点,主要有:

要求苛刻。脆弱的心脏受不了这种教学。正如第七章和第八章所言,该方法作为课程、研讨会或讨论中采用的唯一方法,对教师及学生都提出了极高要求。一位女教师也承认,开始几次,她完全按照此教学法教学,可后来还是作了改动,因为她得权衡教师的一些主要职责。在学生困惑不解,垂头丧气,甚至抱怨之时,仍然从容不迫,坚持不懈,这对教师和学生而言都是巨大的挑战。

一个学生回忆道:

> 海费茨只会问:"哈,我们讲到哪里啦?"接下来就是难以置信的、折磨人的、却又意味深长的沉默,让我们觉得:"天哪,我再也受不了啦,受不了啦!"可正是这种压力让我学到了我必须学会的东西。然而当时,我满脑子想的都是:"我们花钱让你干嘛来的?你应当举办精彩的讲座才对!"

不适宜所有学生。 这一教学法要求学生具备非凡的勇气,因而未必适用于所有学生。同时,该方法要求教师乐于反省,对自我有较深刻的认识,能随机应变,能考虑众人的内心感受及潜在问题,不管这个问题是否会引起冲突。此外,这一切都要求对高度发达的意识系统,对自我及他人缓慢的学习速度有足够的耐心,对探索创造性工作中固有的未知数抱有相当的热情。所有这些能力都在教育者群体及单个教师身上不同程度地反映出来。

会掩盖备课不充分的现象。 具有讽刺意味的是,尽管这一教学法要求苛刻,却能一时掩盖教师或学生准备不充分的现象,这是该方法的又一不足。因为课堂上发生的一切都会对学习有所裨益,但是不负责任的教师或学生,有可能把学习契机当借口。

可能造成伤害。 用这种方法教学,一方面,教师保卫着课堂,创造值得信赖的学习环境;另一方面,传统的课堂教学模式被打破,允许质问与挑战,因而就有可能伤害到学生。在研究中,我反复提出的一个问题就是,这种教学方法有没有造成伤害。结果,很难找到重大或长期伤害的迹象。但在教学过程中,学生很容易产生不适感。改变思维与行为方式既令人振奋同时又令人沮丧——"挑战"与"伤害"有时很难区分。在

第十章

PAL-101课上,有些学生经历了痛苦的反省过程。尽管长期的创伤并非没有,但所占比例很小。1989年的调查报告表明,约3%—4%的学员仍在某种程度上不满意这门课。我走进学生中间,当面询问他们的亲身经历以及对同学经历的看法,结果仅发现一例消极伤害事件,而且是海费茨本人告诉我的,他与那个受伤害的毕业生长期保持着联系,帮他平复伤口,并已取得较好效果。

马蒂·林斯基是案例教学法(教政治学课程)的又一发起人。如今,身为剑桥领导学协会一员的他,仍在不断地实践并发展着这一方法。他对这一教学法及其可能造成的伤害相当关注。他说:

> 我和其他使用这一方法的教师走在刀锋上:在课程或项目里,是否可以为了让大部分人高效学习,而伤害少数人?这是该教学法的一大弱点。总有人会落在后面——即使是实践领导学的人,也几乎无法避免。同情与"伤害少数人"其实并不矛盾。同情意味着为受伤害者的损失承担责任,同时推动整体进步。我所认识的长期从事此类教学的人都从未见过大批学生学期结束时还像刚开始那样迷茫而愤怒,倒是有很多学生几个月甚至几年后告诉我们,他们受益匪浅,很抱歉当时对课程评分打了很低的分。但我们依然在寻找一种更好的方法,以减轻教学过程中的不适感。[17]

竞争与合作之间的紧张状态。尽管这一方法和教学法致力于焕发团体生机,开创新局面,树立目标,给人们希望和目的,我们的文化对权力、死亡、暴力的痴迷会激发做领导者所面临的暗杀、冲突和危险等主题,对此,课程也必须涉及。把握这些主题之间的冲突,以便从后现代、后原子能主义的角度理解领导工作(把战场改造成音乐厅的同时承认竞争压力的积极作用),这是当今社会适应性工作的一部分(对此,不同的教师有不同的应对方式)。或许,不久之后,这一问题将成为不断实践该教学法过程中的一项重要挑战。

总而言之，和其他教学法一样，教师的具体才能、思想集中程度，以及作出的判断都会大大影响教学效果。与传统的教学法相比，这一教学方法较少为人所实践，因而依据最佳实践标准进行评价比较困难。然而，在标准课程评估中获得的高分，不同机构、不同教师教出的学生所给的一再好评，如"这是我上过的最好的课程"，"这是对我影响最大的课程"，以及我通过纵深采访与观察得出的结论，都表明这一方法有极大的实践价值。

为了公众利益的领导学

本书的主要贡献或许在于，针对系统性的、相互依赖的现实情况，人人都希望参与这个现实，并都有机会从身边的小事开始实践领导学。此外，还推翻了领导—下属的二分法，从而积极响应了整个共同体，乃至所有公共部门及私人部门对民主的呼唤。所以说，本书既能促进个人自由及个人发挥作用，又能促使团队焕发活力，建立切实可行的生活模式，因为本书不脱离现实，直面阻碍人类发展的一些关键问题，满足了当今世界对新型领导者的需求，教育人们如何看清本质，识别隐患，培养事业心与创造力，开启心智，激发热忱。当然，这一切已深深扎根于现实之中，实施起来绝非易事。

所以说，这一方法要求未来的领导者认识到自己总会被卷入一个庞大的错综复杂的系统之中。这个系统我们无法控制，却能创造性地置身其中，实践领导学，甚至越权代政，以改善人们的生活，创造一个更加公正、持久、和平、富饶的世界。

我们越来越深刻地意识到领导学的一大关键就在于把工作交还给群体，使其直面严峻的挑战，从而学习并取得进步。这是对"领导能力可

第十章

以教出来吗"这个问题所作回应的核心所在。时代呼唤学习和实践领导学,这一教学方法则是一声响亮的响应。领导学关注错综复杂的新全球共同体,致力于公众福祉,体现在迎接当今世界适应性挑战的能力之中。

　　实践无止境。

注　释

第一章

1. 肯尼亚妇女旺佳丽·马塔海（Wangari Maatthai）博士 2004 年获诺贝尔和平奖时发言说："在历史长河中，总会有这么一个时刻要求人类重新思考并力争达到更高的道德标准……那一时刻就是现在。"

2. Laurent A. Parks Daloz, Cheryl H. Keen, James P. Keen, and Sharon Daloz Parks et al., *Common Fire: Leading Lives of Commitment in a Complex World* (Cambridge, MA: Beacon Press, 1996), 1-19.

3. David Garvin, "Barriers and Gateways to Learning," *Education for Judgment: The Artistry of Discussion leadership*, ed. C. Roland Christensen, David A. Garvin, and Ann Sweet (Boston: Harvard Business School Press, 1991), 11.

4. 参阅 Terry Tempest Williams, *The Open Space of Democracy* (Great Barrington, MA: Orion Society, 2004), 59。

5. Joseph C. Rost, *Leadership for the Twenty-First Century* (New York: Praeger, 1991), 36.

6. Donald A. Schon, *Education the Reflective Practitioner: Toward a New Design for Teaching and Learning in the Professions* (San Francisco: Jossey-Bass, 1987), 17.

7. Ronald A. Heifetze, *Leadership Without Easy Answers* (Cambridge, MA: The Belknap Press of Harvard University Press, 1994); Ronald A. Heifetz and Marty Linsky, *leadership on the Line: Staying Alive through the Dangers of Leading* (Boston: Harvard Business School

注释

Press, 2002).

8. David A. Garvin, "Making the Case," *Harvard Magazine*, September-October, 2003, 56-65 and 107.

9. Ellen Schall, "Learning to Love the Swamp: Reshaping Education for Public Service," *Journal of Policy Analysis and Management* 14, no. 2(1995): 203.

10. James MacGregor Burns, *Transforming Leadership* (New York: Atlantic Monthly Press, 2003), especially 22-25.

11. Dean Williams, *Real Leadership: Helping People and Organizations Face Their Toughest Challenges* (San Francisco: Berrett-Koehler, 2005).

12. Ronald A. Heifetz, Riley M. Sinder, Alice Jones, Lynn M. Hodge, and keith A. Rowley, "Teaching and Assessing Leadership Courses at the John F. Kennedy School of Government," in *Curriculum and Case Notes*, *Journal of Policy Analysis and Management* 8, no. 3 (1989): 536-562.

13. 本书研究采取的定性分析方法为发展性评估法,这意味着该方法有助于本工作的发展过程,可进行总体分析和评价。在工作高度密集的5年期间,我再次深入观察了这一领导学课程的每一方面(后又进行了不定期考察),采访了12个学生作为启动性研究,对24名学生进行了课程前与课程后的比照性采访,对3—10年前选修这门课程的学生进行了访谈(还采访了10名证人),并对一个由9名研究生组成的小群体进行了集体采访。采访分析由我的同事——本书的第二读者卡伦·索基尔森负责。同时,我采访了目前正在使用这一方法在哈佛及其他地方任教的现职教师(还非正式地采访过他们的学生及其他3名选修过哈佛这门课程的学生)。总之,我们共进行了65次有笔录的正式采访,采访对象范围广,分布于各个种族、各个地方及各类职业,男女不限,年龄从24至65岁不等,其中多数为在职人员。此外,我还到其他背景下考察过这种方法,在我本人的教学、咨询及理论构建中使用过这个方法。总之,本书研究是历时12年以上观察、研究、分析、评估及实践的结果。

第二章

1. 课堂上课情况都被录音，本课程学习期间可到图书馆查找有关磁带，以便学生回忆对话过程，了解自己缺课期间的课堂内容。本章由第一堂课磁带编辑整理而成。

第三章

1. Colleen Burke, "Tulips, Tinfoil, and Teaching Journal of a Freshman Teacher," in *Education for Judgment: The Artistry of Discussion Leadership*, ed. C. Roland Christensen, David A. Garvin, and Ann Sweet (Boston: Harvard Business School Press, 1991), 40–41.

2. 参阅 William G. Perry, Jr., *Ethical and Intellectual Development in the College Years: A Scheme* (San Francisco: Jossey-Bass, 1999); Robert Kegan, *The Evolving Self: Problem and Process in Human Development* (Cambridge, MA: Harvard University Press, 1982) James W. Fowler, *Stages of Faith: The Psychology of Human Development and the Quest for Meaning* (San Francisco: Harper & Row, 1981); Carol Gilligan, *In a Different Voice: Psychological Theory and Women's Development* (Cambridge, MA: Harvard University Press, 1982); Laurent A. Parks Daloz, Cheryl H. Keen, James P. Keen, and Sharon Daloz Parks, *Common Fire: Leading Lives of Commitment in a Complex World*, (Cambridge, MA: Beacon Press, 1996)。

3. 参阅 Kegan, *The Evolving Self*。

4. 建议使用"部落"一词。在人类大部分历史中，所有人都曾依赖部落，即一个归属性网络，这有助于界定身份和倾向。参阅 Daloz et al., *Common Fire*, 55-79。

5. 参阅 Sharon Daloz Parks, "It Matters How We Think," in *Big Questions, Worthy Dreams: Mentoring Young Adults in Their Search*

注释

for Meaning, Purpose, and Faith (San Francisco: Jossey-Bass, 2000), 53-70; Mary Field Belenky, Blythe McVicker Clinchy, Nancy Rule Goldberger, Jill Mattuck Tarule, *Women's Ways of Knowing: The Development of Self, Voice, and Mind* (New York: Basic Books, 1986), 35-51。

6. Robert Kegan, *In Over Our Heads: The Mental Demands of Modern Life* (Cambridge, MA: Harvard University Press, 1994) 320-322; Ken Wilbur, *A Theory of Everything: An Integral Vision for Business, Politics, Science, and Spirituality* (Boston: Shambala, 2000).

7. David Gergen, *Eyewitness to Power: The Essence of Leadership* (New York: Simon & Schuster, 2000), 349.

8. Peter M. Senge, *The Fifth Discipline: The Art and Practice of the Learning Organization* (New York: Doubleday/ Currency, 1990), 68-69.

9. 参阅 Macro Iansiti and Roy Levien, "Strategy as Ecology," *Harvard Business Review* (March 2004): 69-78。

10. 参阅 Daloz et al., "Habits of Mind," in *Common Fire*, 102-124。

11. 参阅 George C. Lodge, *The New American Ideology* (New York: Knopf,1983)。

12. 参阅 Thomas R. Piper, Mary C. Gentile, and Sharon Daloz Parks, *Can Ethics Be Taught? Perspectives, Challenges, and Approaches at Harvard Business School* (Boston: Harvard Business School Press, 1993), 29–30。

13. 参阅 Kegan, *In Over Our Heads*, 94-95, and Parks, *Big Questions, Worthy Dreams* 54-70。

14. 参阅 Daloz et al., *Common Fire*, 116。

15. Kegan, *The Evolving Self*, 115.

16. 在肯尼迪学院上这门课的助教多为政治学、教育、法律、商业或神学等专业的博士生,以前上过这课,对领导学兴趣浓厚,且多对领导学某一问题有专攻,并将这个问题视为自己的一项适应性挑战。

17. 参阅 Ronald A. Heifetz, *Leadership Without Easy Answers* (Cambridge, MA: Harvard University Press, 1994); and Ronald A. Heifetz and Marty Linsky, *Leadership on the Line: Staying Alive Through the Dangers of Leading* (Boston: Harvard Business School Press, 2002)。

18. Ellen Schall, "Learning to Love the Swamp: Reshaping Education for Public Service," *Journal of Policy Analysis and Management* 14, no. 2(1995): 203.

19. 2003 年 6 月采访剑桥的迪恩·威廉斯。

20. Heifetz, *Leadership Without Easy Answers*, 37-40.

21. Heifetz and Linsky, *Leadership on the Line*, 11.

第四章

1. 引自哈佛商学院作者对 MBA 新生所做的系列访谈。见 Thomas R. Piper, Mary C. Gentile, and Sharon Daloz Parks, Can Ethics Be Taught? Perspectives, Challenges, and Approaches at Harvard Business School (Boston: Harvard Business School Press 1993), 13-72. 从另一方面而言,人会私下承担较大比例的耻辱和愧疚,以保护他人或在压倒性的力量面前忘记自己的有限力量。正如一位智者所言:"内疚易,无助难"。

2. 通常布置学生看两场以上电影,每场不是涉及领导成功就是领导失败的案例。电影提供的素材更直观更复杂,包含了隐在幕后却操纵着前台的冲突性情感(如动机、价值观、力量、渴望、嫉妒、理想主义、野心、恐惧与希望)。此外,影片还为本课程提出的概念,如派系、盲点、压力、某问题的历史、权威的实施等提供了一种阳台视角及实践场所。所看电影各不相同,仍属实验性质,其中有两出效果很好,一个是《靠着我》(*Lean on Me*),一个是《太平门》(*The Gate of Heavenly Peace*)。《靠着我》根据新泽西州一所高中的真人真事改编而成,讲述了一个不顾城市多么腐败,不管处境多么艰难,大胆尝试适应性变革的故事。乔·克拉克(Joe Clark)以前是教师,一向开明,现被任命为校长。他以各种出其不意的戏剧化、强力化、打破平静的方式实施自己被正式授予的权威,极大地影响到学校的方方面

注释

面,点燃了全城人的怒火。故事的结果是他的成功失败参半,这一点很有争议。《太平门》由肯尼迪学院另一位教这门课的教师迪恩·威廉斯引入课程大纲。

3. 平心而论,这项工作的确需要时间和重点投入。某在职留学生有些不满:"很花时间,例如用于回答那些问卷。我不明白海费茨凭什么认定填完问卷只需花 2 个小时。事实上,我至少花费了 4—5 个小时!但我的英语很好呀,所以不认为这是我英语糟糕的原因……我问过其他一些朋友,其中包括一个美国朋友,他们都说:'没错,要花很长时间呐。'因为你得思考每一句,每一个问题,保证所写与所思一致起来。"他的意见颇具代表性。

4. 每周都布置字数不等的 2—7 篇阅读材料,材料取自社会科学、领导学理论、重要演说稿,偶尔也布置诗歌及人文科学方面的其他文献。这些材料与当周的主题相呼应,并随着课程的深入,不断进行调整和改变。

5. 注:理查德·哈克曼描述过的真实团队的特点与这种小组讨论过程的设计有一定相似性。他说:"组织里的真实团队有 4 个特点——团队任务、界限分明、管理过程中的职权到位、一定时间段内成员的稳定性。"见 J. Richard Hackman, *Leading Teams: Setting the Stage for Great Performances* (Boston: Harvard Business School Press, 2002), 41.

6. 参见 Robert Kegan and Lisa Laskow Iahey, "The Real Reason People Won't Change," *Harvard Business Review* (November 2001): 84-92.

7. Ronald A. Heifetz and Marty Linsky, *Leadership on the Line: Staying Alive Through the Dangers of Leading* (Boston: Harvard Business School Press), 188.

8. 取自 2003 年 7 月 31 日与西非克林顿市威德比学院茱迪·邦内尔的谈话。

9. Ronald A. Heifetz, *Leadership Without Easy Answers* (Cambridge, MA: Harvard University Press, 1994), 276.

第五章

1. 彼德·圣吉及其同事把这种临场能力视为一种"随时可来"的状态,

是领导学的重要内容,能为企业家应急时使用,但表达方式可能有所不同。参见 Peter Senge, C. Otto Scharmer, Joseph Jaworski, and Betty Sue Flowers, *Presence: Human Purpose and the Field of the Future* (Cambridge, MA: Society for Organizational Learning, 2004), 10-12。

2. 注:这与每周一次问卷中的词源学作业相符。

3. 参阅 Parker J. Palmer, *The Courage to Teach: Exploring the Inner Landscape of a Teacher's Life* (San Francisco: Jossey-Bass, 1998) 156-161; and Donald L. Finkel, *Teaching With Your Mouth Shut* (Portsmouth, NH: Heinemann, 2000)。

4. 参阅 "encounters with otherness" in Laurent A. Daloz et al., *Common Fire*, 55-79。

5. Joan Chittister, *Innuminated Life* (Maryknoll, NY: Orbis Books, 2001), 106-107.

6. 同上,108 页。

7. 当这一现象出现于群体层面,圣吉及其同事可能会把这种临场现象归于"未来的场所"。Peter Senge et al., *Presence*, 10-11。

8. 有关配对这一问题,我要感谢卡伦·索基尔森。

第六章

1. 我们到玻利维亚、印第安纳、麻省、密西根、明尼苏达、华盛顿及华盛顿特区等地区采访往届生,有两位在纽约工作的往届生在麻省的剑桥接受了采访。我还在美国中西部进行群体采访,一个同事在新西兰采访了一个往届生,还到澳大利亚采访了另一个学生。注:前面已提到过,这个定性研究紧接在第一章描述过的抽样调查研究之后。

2. 所有采访都被录音,其中 25 个采访被笔录下来,并由另一个读者朗读,以作分析之用。

3. 我采访的人中只有一个例外,他是政府部门一位十分优秀的行政人员,基本上"自始至终坐着不参加"大团体的活动。教师和助教都没看出他这种不参与的行为,没能把他纳入学习系统。尽管他的确有一些在小团体值得记忆的瞬间,但如果报告说他的领导学实践受到他所学的这门课的影响,那就错了。

4. 参阅 Robert E. Horn, *Visual Language: Global Communication for the 21st Century* (Bainbridge Island, WA: MacroVU, 1998), 21。

第七章

1. 参阅 May Sarton, *The Small Room* (New York: Norton Library, 1976)。

2. 参阅 Sharton Daloz Parks, "How Then Shall We Live? Suffering and Wonder in New Commons" *Living the Questions: Essays Inpired by the Work and Life of Parker J. Palmer*, ed. Sam M. Intractor (San Franciso: Jossey-Bass, 2005), 298-320。

第八章

1. Dean Williams, *Real Leadership: Helping People and Organizations Face Their Toughest Challenges* (San Francisco: Berrett - Kohler, 2005)。

2. 同上,见第四章。

3. 与休一样,阿尔玛也认为这一方法有助于强化目标意识,因为她的工作对象是本科生。"我发现我的学生在寻找获得身外之物的途径,这是他们对政治及公共生活表示兴趣的基本原因。像海费茨那样,我要我的学生写出自己的雄心大志,不过我会进一步要求他们为自己写一份目的声明。我还分发给他们一些阅读材料及其他一些人和资源的联系方式,以助于他们识别有价值的目的。这是这一方法的道德领域中十分关键的环境因素,学生可置身其间。另外,还利于我们走出我称之为'服务及社会公正的传统'。"参阅:Sharon Daloz Parks, *Big Questions, Worthy Dreams: Mentoring Young Adults in Their Search for Meaning, Purpose, and Faith* (San Francisco: Jossey-Bass, 2000)。

4. 参阅杜克大学 SOL 项目的其他描述和解释。参见 Ann Colby,

Thomas Ehrlich, Elizabeth Beaumont, and Jason Stephens, *Educating Citizens: Preparing America's Undergraduates for Lives of Moral and Civic Responsibility* (San Francisco：Jossey-Bass，2003)，154-156。

第九章

1."命令的力量来自神话的光芒,无论强弱;成功的指挥官用命令来传达自己的意图,无论是否深思熟虑,而目的都在于提高不确定性,减少不服从现象。"John Keegan, *The Mask of Command* (New York：Viking Penguin, 1987)，315-316.

2. 独行侠形象后面是另一个更为古老却十分强劲的形象——牧羊人形象。现在,牧羊人加领导者的神秘声音仍然透过犹太人和基督徒共享的文化传统说话,这个文化传统根植于亚伯拉罕和摩西这两个牧羊人后来如何成为民族领袖的故事。很早以前,牧羊人、勇士、君王就有着密切的联系,因为他们都被视为无助之人的保护者。例如戴维——一个纯朴勇敢的牧羊男童,后来成了一名年轻的武士,随后被上帝选中做了国王。亚历山大大帝向自己的军队保证:"我要让牧羊人成为武士!"圣女贞德原来是一个牧羊女,后来做了武士和首领。这些想象与牧羊人耶稣也有着牢固的联系。耶稣出生时既受到牧羊人也受到国王的照顾,所以后来他被称为牧羊人和王。同样的故事也可在美国政治领袖史的神话中找到,根据这些神话,出生低微的人从军,后来做了总统。

3. Joseph C. Rost, *Leadership for the 21st Century* (New York：Praeger, 1991)，94-95.

4. 人们越来越难以接受领导者的英雄神话,其原因至少可归于4条：(1)英雄神话暗示领导者无所不知,追随者完全是依赖者,这在受教育程度越来越高的民主社会显得有些难以服人；(2)英雄神话滋养着一种受操控的幻想,这一幻想不考虑通过因特网广为传播,不考虑信息爆炸,不考虑将任何个人或组织植于一个复杂的相互依赖的动态大网里；(3)羊群形象掩盖了领导学实践的需要,领导学可以在一个越来越多样化的、多功能的及多文化的组织和群体里发挥功能；(4)牧羊人加武士加国王神话的基础是

注释

愿意献身（或者要别人去死）。无论比喻还是实际情况,大都如此。在这个英雄模式里,领导者与死亡订立了一个条约,要么毁灭要么被毁灭。好的牧羊人愿意为他的羊放弃生命,保护羊不被劫杀。武士加国王只能通过分享（至少表面分享）追随渴望经历的死亡风险来维持权力。这方面的英雄神话抓住了实施权威和领导学过程中暗藏的风险特征,往往还遮掩了在前所未有的危险条件中生存所需的关键能力,还掩蔽了需要经过长期的现实创造及从事最艰苦的工作这种事实。殊不知,这一新的现实将在新兴群体中得以治愈,并卓有成效地存在,同时鼓励生命的繁荣。

5. 参阅 Leo Braudy, "An Army of One" *Compass: A Journal of Leadership 1*, no.2 (Spring 2004): 20-22。

6. 我们强调个人力量的价值,这是对的。承认每个个人不可剥夺的权力及其潜在贡献是文明的一次巨大成就,但这一价值同时也制造出个人主义的思想,正如乔治·洛奇所做的预言,它模糊了自然、社会和全球现实中越来越必需的相互依赖中的关键事实。

7. Warren G. Bennis and Robert. J. Thomas, *Geek Geezers: How Era, Values, and Defining Moments Shape Leaders* (Boston: Harvard Business School Press, 2002),101.

8. David Whyte, *Crossing the Unknown Sea: Work as a Pilgrimage of Identity* (New York: Riverhead Books, 2001), 240-241. 在教学中,我发现,尽管许多人也许起初会抵制自己艺术家的形象,但当我请每个人谈谈自己如果是艺术家,那么愿做哪一类艺术家时,我们每个人身上的艺术家气质便昭然若揭。

9. M. Mitchell Waldrop, *Complexity: The Emerging Science at the Edge of Order and Chaos*, (New York: Touchstone, 1992); Margaret Wheatley, *Leadership and the New Science*, (San Fransico: Berrett-Koehler, 1992); John Kotter, *Force for Change: How Leadership Differs from Management* (New York: The Free Press); Peter M. Senge, *The Fifth Discipline: The Art and Practice of the Learning Organization Are Not in Charge* (San Francisco: Barrett-Koehler, 1992);Jean Lipman-

Blumen, *The Connective Edge: Leading in an Interdependent World* (San Franciso: Jossey-Bass, 1996); Dee Hock, *Birth of the Chaordic Age*, (San Franciso: Berrett-Koehler, 2000); Debra E. Meyerson, *Tempered Radicals: How People Use Difference to Inspire Change at Work* (Boston: Harvard Business School Press, 2001).

10. 2004年3月与汤姆·尤尔（Tom Ewell）的谈话。

11. Donald A. Schon, *Educating the Reflective Practitioner: Toward a New Design for Teaching and Learning in the Professions* (San Francisco: Jossey-Bass, 1987), 12-13. 如果想了解唐纳德·舍恩有关智慧脱形于商业环境的理论，参阅有关5个层面领导学的故事：Jim Collins, *From Good to Great* (New York: HarperCollins, 2001), 17-40。

12. Ronald A. Heifetz and Marty Linsky, *Leadership on the Line: Staying Alive Through the Dangers of Leading* (Boston: Harvard Business School Press), 73.

13. 参见 Rosabeth Moss Kanter, *The Change Masters: Innovation and Entrepreneurship in the American Corporation* (New York, NY: Simon & Schuster, 1983) especially pp. 48-49, 304-305; Peter B. Vaill, *Managing as a Performing Art: New Ideas for a World of Chaotic Change* (San Francisco: Jossey-Bass, 1989); and Stephen D. Brookfield, *The Skillful Teacher: On Technique, Trust, and Responsiveness in the Classroom* (San Francisco: Jossey-Bassm 1990)。

14. Richard Goll, "Artist as a Metaphor for the Youth Worker," *unpublished paper*, January 2004, Hampton, VA.

15. 2003年6月15日与威斯康星大学建筑学教授唐纳德·L.汉隆（Donald L. Hanlon）的对话。

16. 麦克吉尔大学管理学教授南希·J.阿德勒有十几年的水粉画创作经历，是一个受到认可的艺术家，目前正在探索艺术与管理的关系。她写道：'受白纸的吸引，我最后的打算及经历与不可控制的巧合融为一体。这个过程及相应的艺术都未被完全界定。颜色会走哪条路？……我故意用

注释

以水为基调的媒介，这样就可以放到哪里停留在哪里。我从未幻想要控制这个过程。我只是进入舞蹈……'她在学习东西如何运动，认为给工作带来的技术知识和经验越多越好。见 Artist Statement, Galerie Espace, Montreal, 2003。

17. 2003 年 4 月 28 日作者在英属哥伦比亚加布热拉岛采访琳达·圣克莱。

18. 参阅 Sharon D. Welch, *After Empire: The art and Ethos of Enduring Peace* (Minneapolis: Rortress Press, 2004), 182-184。

19. Whyte, *Crossing the Unknown Sea*, 237。

20. Thomas S. Kuhn, *The Structure of Scientific Revolutions* (Chicago: University of Chicago Press, 1962)。

21. 参阅 Ronald A. Heifetz, *Leadership Without Easy Answers* (Cambridge, MA: Harvard University Press, 1994), 88-100。

22. 参阅 Robert Kenny "The Science of Collective Consciousness," *What is Enlightenment?* May-July, 2004, 78-79。

23 参阅 Suzanne Langer, *Philosophy in a New Key: A Study of Symbolism of Reason, Rite, and Art* (Cambridge, MA: Harvard University Press, 1942), 42。

24. 参阅 James E. Loder, *The Transforming Moment: Understanding Convictional Experiences* (San Francisco: Harpers & Row, 1981), 31-35; Laurent A. Parks Daloz, Cheryl H. Keen, James P. Keen, and Sharon Daloz Parks, *Common Fire: Leading Lives of commitment in a Complex World*, (Cambridge, MA: Beacon Press, 1996). 125-153; Sharon Daloz Parks, *Big Questions, Worthy Dreams*, 104-126。还参阅 Peter Senge, C. Guo Scharmer, Joseph Jaworski, and Betty Sue Flowers, *Presence: Human Purpose and the Field of the Future* (Cambridge, MA: Society for Organizational Learning, 2004), 83-92。

25. 2002 年 11 月阿尔玛·布朗特在威德比岛写的采访稿。还参阅罗伯特·格林利夫的话："其实，在每项重要决定上都有信息差距……的手头稳

注释

定的信息与所需要的东西之间。领导学的艺术部分在于凭直觉沟通这一差距的能力……比多数人都擅长此道的人很可能出人头地做领导者,因为他可贡献有价值的东西……领导者因此必须比多数人更具创造性。创造主要是发现,是进入未知的领域……领导者发现自己需要像科学家、艺术家或诗人那样去思考。"引自 Robert Greenleaf, *The Servant as Leader* (Indianapolis：The Greenleaf Center for Servant Leadership, 1982)。

25. 参阅 Dorothy Leonard and Walter Swap, *When Sparks Fly: Igniting Group Creativity* (Boston：Harvard Business School Press, 1999)。

26. 参阅 Richard Florida, "America's Looming Creativity Crisis," *Harvard Business Review* (October 2004)：122-136；and Steven J. Tepper, "The Creative Campus：who's No. 1?" *Chronicle of Higher Education* (October 1, 2004), 122-136。

27. 参阅 Rhea Y. Miller, Cloudhand *Clenched Fist: chaos, Crisis and the Emergence of Community* (San Diego：LauraMedia, 1996), 48。

28. 参阅 Rhea Y. Miller, Cloudhand - Clenched First：Chaos, Crisis and the Emergence of Community (San Diego：LauraMedia, 1996). 48。

29. M. C. Richards, "Toward M. C.：A Monograph by M. C. Richards," *Studio Potter* 14, no. 1 (1985)：2。

30. 2002年11月莎伦·帕克斯对阿尔玛·布朗特的采访笔记。

31. 例如当他面临把波斯人并入马其顿军队(类似兼并)这一适应性挑战时,当最初他一起负责指挥的老兵威胁带部队出走并非应亚历山大的要求退休时,亚历山大提醒这些老兵他们曾是牧羊人,后来才做了武士和公民:"菲利普(我父亲)发现那时你们还是流浪汉,孤苦无依,全身裹在羊皮里,在山坡上看几只羊吃草,替那些反对伊利瑞安人、特巴连人和特拉西人的人拼命。菲利普把你们带下山,带到平原,将你们训练成你们敌人的强大对手,使你们相信自己的勇气而非你们本村人的天然力量,而且他还让你们住在城里,让你们做文明人。"这番话"只是讲述发生在3天内的一个故事的开场白",舞台情节包括亚历山大的死(与归来),反映出亚历山大对整个系统内的相互依赖情况,及即兴发挥十分清楚,尽管发生在命令和

注释

控制的神话城堡,但同样可揭示领导学的艺术,参见 Keegan, *Mask of Command*, 57-58。

32. 这一动力还出现于《吉尔迦美什史诗》。这出古典神话讲述的是一个文化上"肤色较淡"的哥哥与肤色较深、举止粗犷、较为入世的弟弟之间的关系。类似关系可以在印第安休休尼部族莎卡嘉薇亚与杰菲逊派出的路易斯及克拉克探险队之间看到。

33. 苏日·加布利克以前是伦敦《美国艺术》的记者。他说,近年来,艺术家寻求一种自我中心的角色,逃避与公众的交流,不提问题,不发表任何言论,不提供信息、消息和意见,毫不冷静,同时又自立、自由、自主。只有某一代艺术家,像猜谜一样猜度艺术是否真要融入社会工作。在现代主义"除去"艺术的神话中,她观察到,"明显缺少的……是自有人类历史以来就已存在于艺术中的神圣的美。"当俗世生存的危险加大时,她发现,艺术按自身的规律毫无隐讳自己的观点。与越来越多的人一样,她也呼吁承认相互关联的原则及重续艺术家与世界的关系。在这个世界,艺术家正在栽种现实的想象,唤醒我们注意目前的条件,这些想象赋予了我们积极改变未来世界的力量。引自 *Lightworks: Explorations in Art, Culture, and Creativity*, ed. Milenko Matanovic (Issaquah, WA: Lorian Press, 1985), 8-14。

第十章

1. Warren Bennis, "Learning to Lead," *Executive Excellence* (January 1996): 7.

2. 参阅 Walter Brueggemann, *The Prophetic Imagination*, 2nd ed. (Mineapolis: Fortress Press, 2001).

3. 参阅 Robert Kegan, *The Evolving Self: Problem and Process in Human Development* (Cambridge, MA: Harvard University Press, 1982), 31-32.

4. Barbara Kellerman, *Reinventing Leadership: Making the Connection Between Politics and Business* (Albany, NY: State University of

New York Press，1982），31-32.

5. Parker Palmer，*To Know As We Are Known*：*A Spirituality of Education*（San Francisco：Harper & Row，1983）73-74. 帕默主张创造一个友善的空间，在这个空间里，"可以实践如何接受真理"。

6. Richard C. Broholm, memorandum, "Report to the Leadership Education Committee," The Lilly Endowment，January 4，1992.

7. 我第一次受邀从事这项研究和评估时听人说，这门课程收到的一个最明显效果是，某些学生开始平生第一次或再次寻求宗教意义和义务。不知为什么，在采访过程中我不特别关注这一点，然而我注意到，随着课程的深入，学生们不知不觉地受到某种推动，去主动认识人生百态，提出有关权力和信任的一些基本问题。当假想权威的限度和限制一旦揭示出来，当学生们发现自己新的薄弱点，当教师鼓励他们为自己的深层目的和渴望去冒险时，正如阿尔弗雷德·诺斯·怀特赫德所言："教育的精髓在于教育的宗教性。"即教育针对全部生活提出极中肯的问题，如我们是谁？我们的目的是什么？我们被强行生活的场地有何特点？个人与集体力量的范围与性质是什么？我们能信任谁？我们能相信什么？我们将如何生活？这些问题都属于道德问题，宗教测验是坚持寻找有关答案的过程。还请参阅 Anthony B. Robinson，*Transforming Congregational Culture*（Grand Rapids，MI：Eermands Publishing，2003). Chapter 2。

8. David Whyte，*Crossing the Unknown Sea*，236-237. 还参阅 Robert Fritz *The Path of Least Resistance: Principles for Creating What You Want to Create*（Salem，MA：DMA，Inc.，1984）.

9. 1997年5月，与苏格兰伊俄罗纳的爱弥丽·桑特（Emily Sander）的一次谈话。

10. 参阅 Ronald A. Hefetz and Marty Linsky，*Leadership on the Line: Staying Alive Through the Dangers of Leading*（Boston：Harvard Business School Press），225-236。

11. Milenko Matanovic，*Lightworks: Explorations in Art，Culture，and Creativity*（Issaquah，WA：1985）4.

注释

12. Robert Bellah et al. *The Good Society* (New York: Knopf, 1994), 60.

13. Marshall McLuhan, *Understanding Media* (New York: McGraw Hill, 1964), 65.

14. Karen Thorkilsen, "The Edge of Knowing," *In Context*, no. 5 (Spring 1984): 4-5.

15. 参阅 Sr. Theresa M. Monrow, "The Practice of Authority," *Leading Ideas*, The Newsletter of Trustee Leadership Development, vol. 1, no. 2(Winter 1996): 3-4。

16. 参阅 Dean Willimas, *Real Leadership: Helping People and Organizations Face Their Toughest Challenges* (San Francisco: Berrett-Koehler, 2005)。

17. Marty Linsky, *Personal communication*, December, 2004.

作者简介

莎伦·达洛兹·帕克斯（Sharon Daloz Parks）是华盛顿州克林顿市惠德比学院新大众领导学项目负责人，同时在西雅图大学讲授行政领导学。莎伦是哈佛大学博士，在哈佛神学院、商学院和肯尼迪政府学院任教，并从事科研前后达16年，曾与人合著《共同的火焰——复杂世界中的领导生涯》[*Common Fire: Leading Lives of Commitment in a Complex World* (Beacon Press, 1996)]及《道德可教吗——哈佛商学院的视角、挑战和方法》[*Can Ethics Be Tanght: Perspectives, Challenges, and Approaches at Harvard Business School* (Harvard Business School Press, 1993)]。除演讲、教学外，她还到全国各地从事咨询工作，对多变的组织及多文化环境中的领导学及伦理道德的形成有独到研究。目前，她与丈夫拉里·达洛兹一起生活在华盛顿州惠德比岛和佛蒙特州两地。